U0476997

梦山书系

家常课报道

管建刚 主编

海峡出版发行集团
福建教育出版社

图书在版编目（CIP）数据

家常课报道/管建刚主编. —福州：福建教育出版社，2024.6
ISBN 978-7-5334-9964-8

Ⅰ.①家… Ⅱ.①管… Ⅲ.①小学语文课－教学改革－研究 Ⅳ.①G623.202

中国国家版本馆CIP数据核字（2024）第090520号

Jiachangke Baodao

家常课报道

管建刚　主编

出版发行	福建教育出版社
	（福州市梦山路27号　邮编：350025　网址：www.fep.com.cn）
	编辑部电话：0591-83727542
	发行部电话：0591-83721876　87115073　010-62024258）
出 版 人	江金辉
印　　刷	福州报业鸿升印刷有限责任公司
	（福州市仓山区建新镇建新北路151号　邮编：350082）
开　　本	710毫米×1000毫米　1/16
印　　张	15.25
字　　数	213千字
插　　页	3
版　　次	2024年6月第1版　2024年6月第1次印刷
书　　号	ISBN 978-7-5334-9964-8
定　　价	45.00元

如发现本书印装质量问题，请向本社出版科（电话：0591-83726019）调换。

目 录

1. 《中国教育报》记者报道
○把时间还给学生的课堂什么样
　　——苏州市吴江经济技术开发区长安实验小学"家常课"改革探索
　　　　……………………………………………… 汪瑞林　1

2. 《中国教育报》"课程周刊"报道
○一堂陌生而又熟悉的语文课　………………… 谈永康　7

3. 《小学语文教与学》转载报道
○转向？扬弃？还是回归初心？
　　——管建刚习作"家常课"访谈 ……………… 聂　闻　14

4. 《教师教育论坛》记者访谈
○推动家常课改革，实现小学教学"减负提质"
　　——专访著名语文特级教师管建刚 ………… 陈兰枝　刘　源　26

5. 《小学语文教师》习课堂专题报道
○习课堂，家常课的革命 ………………… 杨文华　钮云华　35

○习课堂的10条干货 ··· 管建刚　41
○统编版六年级上册《月光曲》课堂实录（第一课时）·······················
　　　　　　　　　　　　　　　　　　执教：黄莉萍　点评：管建刚　49
○统编版六年级上册《月光曲》课堂实录（第二课时）·······················
　　　　　　　　　　　　　　　　　　执教：顾孙煜　点评：管建刚　54
○习课堂与精准扶"贫" ··· 何　莹　62
○开小差不是学生的错 ··· 刘元玉　63
○惊喜习课堂 ··· 朱　静　65
○看得见的改变 ··· 王　惠　67

6.《语文教学通讯》习课堂专题报道
○语文老师的"福音"，广大学生的"福利"
　　——苏州市吴江经济技术开发区长安实验小学"习课堂"改革访谈录
　　　　　　　　　　　　　　　　　　　　　　　　裴海安　管建刚　69
○统编版三年级下册《漏》课堂实录（第一课时）·························
　　　　　　　　　　　　　　　　　　执教：秦海燕　点评：管建刚　73
○统编版三年级下册《漏》课堂实录（第二课时）·························
　　　　　　　　　　　　　　　　　　执教：沈欢欢　点评：管建刚　79
○习课堂：管住嘴、迈开腿 ··· 李晓敏　88
○习课堂，简单背后不简单 ··· 张登慧　90
○我在新疆阿拉山口遇见"习课堂" ····································· 孙静燕　92
○习课堂，让神话不再神话 ··· 杨　虹　94
○习课堂：我的支教利器 ··· 岳桂婵　96

7.《七彩语文（教师论坛）》习课堂专题报道
○教育回归学校　学习回归课堂
　　——苏州市吴江经济技术开发区长安实验小学家常课改革介绍·······
　　　　　　　　　　　　　　　　　　　　　　　　　　　　钮云华　98

○不是什么课都能称为"家常课"
　　——听习作家常课有感 ················· 高子阳　105
○习课堂：为增效、提质、减负提供解决方案 ········· 薄俊生　111
○"习课堂"的管理魅力 ···················· 孙双金　116
○习课堂：落实三个理念，力抓六个习惯 ·········· 管建刚　121

8.《新作文》习课堂作文课专栏报道
○要点·范例·训练：作文任务单的设计与使用
　　——以统编版语文教材三年级单元习作为例 ······· 钱海燕　130
○单元习作任务单的开发及设计要义 ············· 徐志凯　137
○习课堂单元作文任务单"六要" ··············· 张登慧　142
○统编版五年级上册习作3"缩写故事"任务单 ········· 赵加春　147
○统编版四年级上册习作4"我和＿＿过一天"课堂实录 ··· 胡梦姣　155

9.《小学语文教学》习课堂专题报道
○家常课：回归语文"学""习" ··············· 管建刚　165
○统编版三年级下册《火烧云》课堂实录（第二课时）
　　　　　　　　　　　　　　　　　　执教：张颜笑　点评：管建刚　171
○谈习课堂的课堂管理 ·····················
　　樊小园　李冶　胡梦姣　顾孙煜　邹思怡　徐志凯　郭苗苗　182
○谈习课堂的课堂效果 ····················· 187
　习课堂：不能"混日子"的课堂 ··············· 王琴　187
　学生不能开小差，也不想开小差 ··············· 张怡　188
　徐一诺的哈欠 ························· 周利利　190
　习课堂：我真正做到了减负 ················· 周静　191
　"看向""看见"还是"看清"？ ··············· 钱海燕　192

3

10. 《教育研究与评论》"讲堂"栏目报道
○教书三十年 ………………………………………… 管建刚　194
○怀有大爱情怀的平民教育名家 …………………… 吴永军　208

11. 《江苏教育报》"教育面孔"专题报道
○管建刚：眼有星辰，脚带泥浆 …………………… 王　丽　210

附录

1. 《人民教育》报道
○围绕"习"的整体教学变革
　　——解决课业负担重的一种可能性 …………… 钮云华　217

2. 《人民教育》报道
○老师，你的作业有效了吗？ ………… 樊小园　管建刚　224

3. 《中国教育报》报道
○从"教学"到"学习"的嬗变
　　——一份语文优质课评分表引发的思考 ……… 管建刚　230

4. 《中国教师报》报道
○家常课中的常理、常识和常态 …………………… 管建刚　233

后记　不敢面对质疑的人不是强者 …………………………　239

1.《中国教育报》记者报道

把时间还给学生的课堂什么样

——苏州市吴江经济技术开发区长安实验小学"家常课"改革探索

汪瑞林

读课文，读词语——"跟老师读""男同学读""女同学读""几句话连起来读"……

抄写词语，当堂听写——"跟老师一起写""小身板挺起来""现在听写词语"……

读段落，完成课文内容的思维导图，完成课文内容的拓展练习……

这是苏州市吴江经济技术开发区长安实验小学三年级语文《海滨小城》一课的主要教学环节。这是一堂普普通通的课，也是长安实验小学家常课改革的一个微切面。

与之前听过的很多课不同，记者的直观感受是课堂上教师惜字如金，讲的时间很少，听课记录本上似乎没多少东西可写，但是课堂简洁明快，节奏感很强，学生和老师都没工夫闲着。

家常课教学改革的主导者管建刚，是全国知名的特级教师，他的作文教学在语文界享有盛誉，去全国各地上过很多研讨课、示范课，其精巧的教学设计和精妙的课堂讲解令无数老师折服。但是一些人慕名前去观摩学习管建刚的家常课，却有些失落或不解：那个激情四射、妙语连珠的管建刚不见了，课堂没有导入的铺陈、没有优美的总结、没有衔接的设计、没有精彩的活动，课上70%的时间都还给学生读、背、写了。一次，一批教师来听课，管建刚发现很多人坐在课堂后面不停地刷手机，他说："辛苦大家听了两节无聊的课，你们看手机的时间比听课的时间还多。"

后来，一些教师告诉管建刚："您的示范课讲得很好，但是我们学不来！"但是，看了以学生的读、背、写为主的家常课改革，一线教师告诉他："这样的课我也能上！"

这话让管建刚确信，家常课改革的路子走对了！

家常课的由来

是什么让已经功成名就的管建刚想去搞家常课教学改革？

一直以来，有四个问题让管建刚迷惑不解：

为什么学生带回家的作业那么多？——学生做作业做到9点、10点是常态，有的孩子写到11点甚至更晚，预习、背诵、默写、课后习题、配套练习册，看起来这些回家作业都是必要的呀。

为什么总是有那么多后进生？——不管哪篇课文，总有一些学生读不通顺，更别说背诵了，默写10个词语，错4个、5个也是常事。

为什么课堂上总有不少学生开小差？——老师点名让某个学生读，其他学生开小差了；老师提问某个学生，其他学生走神了；老师关注这个学习小组，其他小组把讨论当聊天了……

为什么作业不少学习成绩却难提高？优质学校用的教辅材料，普通学校也明里暗里用了；学生刷的题都差不多，量也不少，但是考试成绩却相差一大截。

经过长期的观察和思考，管建刚找到了症结所在：家庭作业多，是因为课堂上老师讲得太多，学生绝大部分时间都在听老师讲，作业都留到回家做了。后进生多，是因为课堂不抓基础，很多基础知识把关的任务交给了家长，而很多家长并不具备应有的素养，甚至没有相应的时间和精力。课堂上开小差的学生多，是因为学生没有必须要自己独立完成的任务，学生都在吃大锅饭。作业都做了但成绩没起色，是因为学生作业的情景不真实、教练不在场、缺乏同伴和鼓励，很多作业无信度、无实效。

管建刚告诉记者，家常课的核心理念和改革途径，就是突出学生主体地位，课堂上教师讲授时间不超过30%，70%的时间还给学生；课堂遵循"零起点教学"原则，从最基础的字词句和课文朗读背诵做起，能在课堂上完成的学习任务绝不带回家；将学习任务分解到"读、写、背"的不同环节，用闹钟分割时间，让每一个学生每一分钟都在课堂上忙碌起来，提高课堂效率；发挥好教师的主导作用，学生的当堂练习有情境、有伙伴、有教练、有激励、有反馈。

"家常课删繁就简，回归语文教学最初的质朴状态，以基本的教学规范保证了课堂教学的质量和效率，学生回家做的作业少了，休息的时间多了，达到了减负的目标，同时学生的成绩也稳步提高，回应了'办老百姓满意的教育'的基本诉求。"长安实验小学校长钮云华说。

家常课的教学样态

"走进课堂，像是走进了一个纪律严明的学习部队，安静、有序，每个人都有自己的收获，这种收获是自己习得的，不是老师给的……"河北承德市隆化县十八里汰希望小学的商燕老师在亲身感受过"习课堂"后这样感叹。

把时间还给学生后，课堂教学如何开展，怎么把时间充分利用好？管建刚和他的团队设计了三个课堂工具。

第一个是"习"的工具——家常课任务单。记者见到的任务单，不是散页式的，而是根据课文顺序，每学期一本装订成册。据了解，这些任务单，是管建刚带领一批骨干教师放弃寒暑假休息时间，参考统编教材的课后习题及北京、上海、江苏、浙江等省市小学语文配套练习册，夜以继日、孜孜矻矻研发出来的。每篇课文的每一课时"读"的任务、"背"的任务以及要完成的刚需作业（抄写、默写、课后习题、配套练习册的习题），在任务单上列得清清楚楚。这些任务还按照语言学习的规律，根据儿童的身心特点做了有序的安排。记者发现，每一课时的任务单都有四项任务，正好对应课堂上"读—习—读—习"四个环节，学生的口与手交替练习，从读词读句到读段落，从识字、跟写到听写，再到分析文章结构、写作手法、理解应用，完成思维导图和相关习题，思维层次由浅入深。一节课，学生完成任务单的质量，就是自己这堂课上学习的质量。有了任务单，学生就知道自己"学"得怎么样、"习"得怎么样；有了这个任务单，教师也知道这堂课自己的教学任务完成得怎么样。任务单让课堂教学变得简单、朴素，易于使用和检测。

第二个是"时间"工具——闹钟。在习课堂上，教室前方的屏幕上，在学生开展某些学习任务时，上面就会显示一个时钟进行倒计时，时间到响铃提醒。习课堂上每一个任务都有设定，四个任务的总时间正好40分钟。如，第一课时"任务一"的"读"为10分钟，一般每个学生"读"的时间7分钟，还有3分钟用于读词语以及老师做评价和管理；第一课时的"任务二"的"习"为12分钟，老师示范写字1分钟，抄写词语和选择字音7分钟，默写词语2分钟，还有2分钟留给老师评价和管理……习课堂的每一节课要使用闹钟5—8次，闹钟可以设计在课件的PPT里，黑板上还配有临时要用的实物闹钟。任务二和任务四的作业时间各为8分钟，学生就跟时间赛跑，提前完成学习任务的学生可以背诵奖励题。管建刚解释，这样对时间进行细分，就是让教师和学生意识到时间的宝贵，从而提高课堂教学效率，提高学生学习效率。

第三个是"管理"工具——课堂管理口令、课堂管理手势、课堂管理印章、课堂管理Q币。课堂怎样才能做到忙而不乱、杂而有序？高效的课堂需要纪律保障，而良好的课堂纪律需要依靠一定的"管理"工具。"时间到，全放好""闹钟不停，朗读不止""作业不看书，看书不作业""书本，斜斜放"，这些口号引导学生的行为，课堂整齐干净；学生自由读课文时，读一遍伸出一根手指、读两遍伸出两根手指，谁读了几遍一目了然……学生课堂表现好可以获得印章和Q币，集满一定数量的印章或Q币可以换"免做回家作业券""免批评券"等。有了这些工具，课堂纪律自然就好了，课堂管理就不用靠"吼"了。

有了这三样工具，常态课的样态不一样了，每一堂课目标明确，学生忙碌而充实：忙着读，读词语、读句子、读课文、读奖励题；忙着写，写生字、写词语、写重点笔记；忙着想，梳理课文内容、完成思维导图和相关习题。每个人都有自己的任务，每个任务都有时间规定。一名学生在作文里写道："以前老师上语文课就像催眠曲，让我想睡觉，闲着；现在的语文课，我们没时间睡觉，忙着。"

家常课中教师何为

家常课改革把大部分时间交给学生，学生忙着读、写、习，老师何为？老师岂不是没什么事可干了？

非也！

"课堂的主体是学生，但是课堂的主导者是教师。"管建刚说，"就我们的家常课而言，教师的主导作用体现在两个方面，一是出学习任务，这个主要体现在前期研制家常课任务单上，二是课堂上的组织、管理、激励和示范。"

苏州吴江经济技术开发区花港迎春小学的朱敏彦老师在实践家常课改革，她说这样的家常课解放了教师：把教师从繁冗的教学设计中解放出来，他们的眼里、脑子里只有学生，有更多的时间关注每个学生，并能当场给予一对一的指导；把教师从一遍遍无效的催促中解放出来，教师专注于组织和管理，使用各种课堂管理工具和激励方法，让学生心甘情愿沉浸于读、写、背中；把教师从无数讲解和批改中解放出来，大量的时间留给学生"习"，大部分学生已经掌握的知识，教师不必再讲，而是变集中讲解为有针对性的指导。

解放出来的教师并没有闲着，而是更忙了。管建刚对教师的要求是"管住嘴、迈开腿"，"管住嘴"即教师少讲精讲，把时间留给学生去"习"；"迈开腿"即教师在教室里要多走动，关注每一个学生的学习状态和学习任务完成情况，及时给予指导和激励。

一课时40分钟的家常课上，教师差不多始终处于一种"战斗"状态，他们从前排到后排，从左边到右边，在学生间来往穿梭，忙着发出各种学习指令，忙着答疑示范，忙着盖章激励，忙着现场批阅作业。而课后学生不忙了，教师依然忙，他们要收齐学生的学习任务单再次批阅，分析学生的集中错误，整理错题，择时集中讲解。

"所有看起来轻而易举的事，背后都是无数心血的凝结，而一堂课的干净利落，则是教师掌握全局的结果。"商燕老师在听课记录本上写道。

重庆万州区电报路小学的张登慧老师在观摩围绕"习"的家常课改革后感叹：这样的课堂是极简与极忙的和谐统一，教学结构极简，教学思路极简，教师行为极简，评价激励极简，但是课堂上学生和老师又极忙，关键是，学生忙了学生该忙的，老师忙了老师该忙的！

长安实验小学推行家常课改革两年，教师们感觉课堂纪律好了，作业速度快了，学习状态紧了，学生学习成绩也提升了。家长感觉课后作业少了，学习负担轻了，孩子的学习习惯好了。最近，钮云华校长挨个听了一遍今年新入职教师的语文课，结果让他大感意外，没想到他们短短两三个月就能站稳讲台，课堂规范而有效。

目前，全国已有江苏、河北、河南、吉林、湖南、湖北、福建、安徽、山东等18个省份的教师慕名通过网络或到校学习借鉴长安实验小学的家常课改革经验，跟着一起实践。

"教是为了不教。学生在教室里、在老师眼皮底下进行自己学、自己习，慢慢地，不在教室里、不在老师眼皮底下，他们也能自己学、自己习了。"据了解，长安实验小学还将尝试高年段学生自己设计家常课任务单，老师用学生设计的任务单来上课。

（汪瑞林，《中国教育报》记者，本文由《中国教育报》2021年1月4日第9版报道）

2.《中国教育报》"课程周刊"报道

一堂陌生而又熟悉的语文课

谈永康

管老师的东西好学、有效。——听课教师
一堂课感觉过得特别快！——学生

管建刚以十年磨一剑的精神与意志，成长为"小语界"的一个现象级人物。2007年他首创"作文教学革命"，2015年他倡导"指向写作的阅读课"，都在小语界引发了巨大反响。我有时外出开会、学习、培训、讲学……会场之内说起管建刚，无人不知。更让人高兴的是，说起管老师最起劲的多是一线教师，这些教师，往往不分地域、无论西东，即使是较为偏僻的山区，也有管建刚的拥趸，他们一路追随，只因为"管老师的东西好学、有效"。

近十年来，管老师陆续上过很多精彩的作文课和阅读课，既有新理念的冲击，又有新方法的启迪，带给语文教师们耳目一新之感，但对我来说，这依然还是我所熟悉的管建刚。但是，听他新近给四年级学生上的一堂"家常课"，我却看到了一个有点儿陌生的管建刚和一种从未看到过的语文课。

这是怎样的一堂语文课呢？

学习活动一：准确地读

读书。

上课了。没想到学生一上来就读了那么多。

先是读题目和作者，然后是3分钟自由读课文，管老师的要求很简单："注音的字词反复读，不会读的问老师。"时间到，学生停下，管老师开始表扬："刘青扬自由读的声音响亮、流利。熊美琳一开始读的声音很轻，后来越来越响！张祖睿遇到不会读的马上问，点赞。"

接下来读词语，管老师出示词语，让学生自由读1分钟。读完词语，读长句子。管老师用PPT展示课文中的两个长句子。管老师示范读，学生跟读，学生读好后管老师又提了新要求："再快百分之十，听我先读。"他示范后，学生再读，学生进步了。

读了这么多，总该结束了吧？出乎意料，管老师又让学生读课文，他说："这次读课文，要求多字、漏字、疙瘩的地方，多读几遍！"这一次，学生又读了2分钟。教室里一片琅琅读书声。闹钟响了，学生似乎很不舍。

语文课上，朗读并不少见，但是，上课10分钟让每个学生都读了8分多钟，确实很少见。

学习活动二：抄写听写

写字与听写。

学生居然抄写了9分钟。

管老师有个简单的"武器"——闹钟。前面自由读用闹钟，现在写字也用闹钟。每个学习任务都会出现倒计时，时间到，读书要停下，写字要停下，作业没做完也要停下。管老师一按鼠标，屏幕出现9分钟倒计时，秒钟"嗒嗒嗒"地响动起来。学生们开始安安静静地写字。

我在一线教书13年，在教研室从事教研工作16年，不要说中高年级了,就是低年级,语文教师在课堂上拿出几分钟给学生写字的,也实在不多见。

这个教学环节用了 12 分钟。另外 3 分钟,管老师选了"幼""嗅"两个字进行教学,管老师带着学生读写字口诀,再进行示范。

乍一看,这里的教学并不出新,其实管老师抓住这两个生字的共性,提炼并"穿插"了书写知识,可谓精准指导。

学生写字,管老师则忙着巡视,观察学生任务单书写情况,随时点评学生,引导学生又快又好地完成。同时提醒已经完成任务单的学生出声背诵奖励题。做题期间,学生书写认真有序,背诵奖励题的声音此起彼伏。其间,陈芝彤、陶思睿等 9 个学生被老师点名表扬,理由各不相同,有的是"又快又好",有的是"卷面干净",有的是"已经抄完两行了"……

学生写了 9 分钟后,管老师要落实"一边抄,一边记",方法就是当堂听写,共听写 4 个词"身躯、掩护、庞大、愣住",每次报两个。

当堂抄写、听写,这一教学方法(环节)的道理、价值不用我赘述。熟悉的是写字,感到陌生的是时间如此充足。这是我从教以来从未听过的语文课。

学习活动三:熟读课文

读课文。

听写词语后,管老师又安排了朗读课文,又是 12 分钟。这一次读与前面学习活动一的读略有不同:一是读的内容除了课文,增加了 4 个关键句;二是读的要求提高了,比如同样的 2 分钟读课文,在前面的基础上提升为"正确、流利、不拖调"。在学生自由读、齐读后,强调对 4 个关键句的朗读。同一个时间每一个学生都在读,老师随时叫停、随时范读。

听课到此,我耳边回响的除了读书声,还有"家常课"课堂管理口号。请听——

师:任务单放旁边。说停笔!

生：就停笔！

师：说坐正！

生：就坐正！

师：这次读课文，要求：正确、流利、不拖调。时间2分钟，时间—不到！

生：读书—不停！

师：2分钟，开始！（屏幕出示2分钟倒计时，学生自由朗读，教师巡视观察）

（2分钟时间到，闹钟响起）

师：时间到，说坐正！

生：就坐正！

师：检测大家的时候到了，说拿书！

生：就拿书！

师：我们齐读第一、二、三自然段。

这些口号很简单。课堂上，管老师领读，学生跟读，看似一板一眼，读的过程、方法却各有巧妙——

有时，一边读一边做动作。比如，管老师说"说拿书"，学生一齐说"就拿书"，同时需要拿起桌上的讲义，学生一开始有点儿手忙脚乱，练了几次就熟练了。

有时，变着花样读，很好玩。比如，管老师说"时间不到"，学生齐说"读书不停"；管老师变化节奏，说"时间—不到"，学生很聪明，大声接道"读书—不停"；管老师继续换花样，说"时—间—不—到"，学生心领神会，仍大声接"读—书—不—停"。

课堂管理口号贯穿于整节课，学生像训练有素的学习部队。很奇怪，四年级的学生竟然兴奋于课堂管理口号，他们越对越响亮，越对越熟练，越对越兴趣盎然。熟悉的是读书声，陌生的是嘹亮、好玩、有效的管理口号。

学习活动四：当堂做题

当堂做题。

学生用时 5 分钟，要求不看书。两个题目指向的都是整体感知：一个以思维导图的形式呈现课文主要内容，另一个要求学生完成填空，概括全文。尽管学生读了好多遍课文，但要独立完成题目，还是有一定难度的。他们在紧张地思考着。

管老师在巡视中表扬"严守煜都做对了""我要看看邹宇阳，不错"……先完成的学生出声背诵奖励题，这已是一些学生第二次背诵奖励题了（第一次是在学习活动二）。"家常课"是课上的每一分钟都被有效利用起来的课堂。

时间到，闹钟响起。

师：说—放—好！

生：就—放—好！

师：刚才周子灿说自己会背了，高光时刻来了。说看周子灿——

生：就看周子灿！

周子灿背出了奖励题，全班学生掌声四起。

课马上要结束了，管老师夸了两个孩子。一个是熊美琳，这节课上这名学生的朗读进步大，从不通顺到很流利。另一个是张祖睿："张祖睿主动问了我两个问题！"学生们又鼓掌。管老师提出更高要求："张祖睿的写字速度也是数一数二的，期待张祖睿的字再漂亮些！"

不陌生的是做题，陌生的是当堂完成了那么多的学习任务，陌生的是管老师一句又一句、具体到学生名字和行为的表扬。

【回味】

极简与极忙：让语文学习"回家"

数十年来，我们习惯了关注教师教的方法、教的艺术、教的效果，习惯了关注教师语言的精彩、设计的精巧、应变的精妙，习惯了关注少数学生读得好、说得好、写得好。

管老师的"家常课"，学生的学习活动还是朗读、识字、写字、背诵、做题等，但是变化的是时间——朗读的时间、识字的时间、写字的时间、背诵的时间、做题的时间……都大大增加了！粗略估计，这堂40分钟的课，每一个学生都参与的读课文、读段落、读句子、读字词、抄写、默写、答题的时间竟然长达32分钟，占了课堂时间的80%！

学生拥有了时间，才能成为自己的主人，成为学习的主人，成为课堂的主人。

这么多的时间来自哪里？用管老师的话来说，就是"管住嘴"，教师少讲精讲，把时间留给学生读、背、写，从而形成了简洁的课堂结构：读＋写＋读＋写。

"家常课"的课堂结构极简，教学思路极简，教师行为极简，课堂上的学生、教师又极忙。学生忙了学生该忙的，教师忙了教师该忙的！每一堂课目标明确，学生忙碌而充实：忙着读，读词语、读句子、读课文、读奖励题；忙着写，写生字、写词语、写重点笔记；忙着想，梳理课文内容、完成思维导图和相关习题。每个人都有自己的任务，每个任务都有时间规定。老师呢，从前排到后排，从左边到右边，在学生间来往穿梭，忙着发出各种学习指令，忙着答疑，忙着示范，忙着激励。

这是多少人的共识：中小学语文课，本质是学习运用母语的实践活动，需要学生大量读、识、写……当这关于学的道理、规律，突然落地在管老师的"家常课"里，听惯了"怎么教"的我们怎能不感到"陌生"！

然而，"陌生"的"家常课"不过是返璞归真，是遵循语文学习规律之举，是符合学生身心特点之行，一句话，让语文学习"回家"，让课堂"回家"，回到学生的怀抱！

管老师的职业生涯起点在村小，从作文教学革命起，他就关注当下，着眼每一个学生，现在他的"家常课"，100%的学生"刚需作业不出课堂"，用课堂改革的方式实现了"双减"政策的要求。

"一堂课感觉过得特别快！"这是所有学生面对管老师的共同感受，因为课堂上他们人人有事做，而且时时有事做。下课了，一个个学生跑着去喝水，我拦住一个男生询问，答曰："这节课，我读得口渴了！"

（谈永康，上海市松江区教育学院教研员、上海市特级教师、正高级教师；本文由《中国教育报》2021年10月15日第5版报道）

3.《小学语文教与学》转载报道

转向？扬弃？还是回归初心？

——管建刚习作"家常课"访谈

聂　闻

缘　起

由管建刚老师提出并发起的"家常课"实践与研究有三年多的时间了。因对管老师"家常课"研究的关注，受管老师邀约，有幸现场感受了"家常课"的操作全程。

三年，对于一项研究而言，该做一些回顾与总结的事情了。

所有人员都已散去，所有的喧嚣归于宁静，屋里，只剩我俩，明亮的灯光里氤氲着茶香……

聂闻："先写后教、以写定教，是最有效的作文指导。"这是您前些年一直提倡并力推的作文教学观点。近三年来，您又在实践并力推作文家常课。精心设计的任务单是作文家常课的核心，任务单的教学过程意味着进行作前指导。作文教学上，由当年"作后指导"到今天"作前指导"的转变，这样的转变是基于哪些思考？这样的转变，是不是意味着在作文教学中，作前指导比作后指导更有效？这是一个认识的扬弃过程吗？

管建刚：一个看起来自相矛盾的问题在一个人身上和谐地存在，那说明这个看似矛盾的问题的背后，一定存在着矛盾的统一。

当年我提出"先写后教、以写定教"，主要是看到大量语文老师既没有作文的知识系统，也没有作文的训练系统，还没有作文的实践系统，我戏称之"三无牌作文教学"，这种情况下的作前指导几乎是"盲人摸象"。于是我提出，那还不如作前不指导，先让学生自由地写，写出来后，好的地方一起分享、一起学习，或者，拿出有问题的地方，告诉大家不好在哪里、怎么改就好了。有了一篇篇具体实在的、写出来的作文，作文教学便有了具体实在的依靠，不再虚无缥缈、"教"和"不教"一个样。多年实践下来，我发现"先写后教、以写定教"有一个致命的前提：老师要认真批改学生的作文。如果这个前提难以大面积成立，那么作后指导便无法惠及更多的普通一线老师。

我不能不悲观地承认，大量语文老师把批改学生作文看成教学生涯的痛苦和灾难。很多老师的作文批改，今年和去年是同样几句话，只不过这次写在张三的作文本上，下次写在李四的作文本上。还有老师下载了评语大全，套用。前不久我还听到一个不是笑话的笑话，一女老师班上的作文本，大作文的批改字迹和小作文的批改字迹是不一样的，原来，大作文是她老公帮她批的。就面广量大的普通语文老师来说，作文能做到"及时批改"已经很不错了，"认真研读"学生作文几乎不可能。认真批改、研读学生作文，不只要有好的工作态度，客观上，还要有比较充分的时间保障。连续两年的两会上都有代表呼吁，减轻教师教育教学之外的负担。"双减"之后"5+2"，对家长来讲也许是好事，对一线语文老师来讲，注定本就没什么空暇的工作时间，再次被挤占。

这个世界，需要有人在实验室做出 100 分的概念产品，能否量产不是他们的第一追求，他们的第一追求是完美和超前。这个世界也需要务实的实践者、生产者，无法量产 100 分的产品，那就先生产 70 分、80 分的能量产的产品。效益来自量产。理想的教学，广大一线老师做不到，理想便成了空想，空想不只没有收益，还会带来严重的后果。承受这一后果的是一群又一群的学生。作文家常课，再次回到"作前指导"，不是重回老路。

我们是带了新思考而来。这次的"作前指导",从一开始我们就不想做90分、95分,而是做75分、80分,做广大普通一线语文老师伸伸手(不是跳一跳)就能够得着的作文课。不是"跳一跳",因为大量语文老师没有时间和精力去"跳"。这样的课的确不完美,却能让大量"上跟不上一个样"的作文课,有了可行的改变。

作文家常课的特点是,结构化,系统化,易操作。课间10分钟,扫一眼作文任务单和PPT,就能上出一节肯定有效的作文课。结构化,就是"读+写+读+写"的简明的教学结构,不用老师大费精力地去记教学环节。系统化,我们团队不是开发一两节优质的作文课,而是开发了三四五六年级每一个单元作文的习作任务单。写人作文要,写事作文要,写景作文要,写信要,写建议书要,写日记要,教材里的每一个单元作文都是一线老师的刚需。易操作,我们以习作任务单为抓手的家常作文课,只要一线老师想学、想上,一个星期就能学到手。

聂闻:在作文教学上,如果在"作前指导"和"作后指导"两者中做一个选择,只选一个,您会选择哪一个?为什么?

管建刚:就我个人来讲,我会选择作后指导,因为我能完善我的作文知识系统、作文训练系统,我也能确保自己不断地写,有写作的经验,有作文实践系统,并且,我也能要求自己认真批阅学生的一篇篇作文。作后指导,基于这一批学生的这一次作文的实际情况而进行的作文指导,它的针对性更强。针对性的背后是有效性。

但是,一个具有现实主义情怀的实践者、研究者,不只希望只有自己能做到,也不只希望自己的团队、自己的徒弟能做到,而是希望能有大面积的老师做到;不只是"独善其身",而是希望能有机会"兼济天下";不是躲在自己的小屋里"成一统",而是要走进教育现实的风雨里,尽可能多地给风雨中的行人送上一把伞,一把普通人一上手就能用、会用的伞。哪怕这把伞不漂亮,伞的材质也普通,然而在没有伞的风雨里,有伞就是温暖。

对于大量一线语文老师来讲,今天的作文教学用"没有伞的下雨天"

来形容并不为过。作文家常课再次回到"作前指导",只是源于出发点的不同。以前的作后指导主要是从我个人的特点出发,从我个人的理想状态出发,那时的我是一个教育界的理想主义者。这次回到"作前指导"主要是从最广大最普通的一线老师出发,从教育的基层和现实出发,因为作文教学的整体发展不是靠名师,而是千千万万最普通最一线的语文老师。

有人说教育一定要有理想。我完全赞同。要理想但要警惕理想化。不顾实际的理想化往往会沦为空想,沦为"想想心动、实际不动"。理想是要在现实的土地上一小步一小步往前走的。我们回到作前指导,回到习作任务单,就是基于当前广大普通一线老师的现实需求。他们需要可操作的,可拿来用、用了有效的作文教学。

聂闻：家常作文课设计了作前指导的任务单。但是,作后讲评依然是习作学习中的一个重要环节,而如今的习作课堂任务单里,并没有作后讲评这一环节,要扔掉吗?如果不扔,以后会开发习作讲评的学习任务单吗?

管建刚：商界的人在谈教育,政界的人在谈教育,文学界的人在谈教育,医学界的人也在谈教育,遇上交通运输部门的人,他们也会跟你谈教育。谁都可以谈教育,谁都可以说说教育的这个问题、那个问题。一方面是教育的问题确实不少,另一方面为了孩子未来,大家心里都有一个完美的教育梦。大家都在自觉或不自觉中用"完美的教育梦"去评说当下的教育。

平心而论,这样的评说有失公允。中国的医疗水平、医疗保障我很满意,并不是说中国的医疗水平、医疗保障世界第一,而是跟10年前、20年前比,有了看得见的进步。中国的交通我很满意,并不是中国的交通是世界第一,而是跟10年前、20年前比,有了看得见的进步。好或者不好,是跟昨天比,而不是跟未来的完美的梦比。近几十年,文盲的扫除,九年制义务教育的普及率,大学扩招,中国教育取得了举世瞩目的成就。

我们为什么回到作前指导?有了结构化、工具化、系统化的习作任务单,能够最大限度地降低教师个人写作素养对作文教学的影响。而作中指导、作后讲评，这两个环节实际上都非常依赖教师的个人素质。一张单元习作任务单有两次"写"，每次"写"后，都要当堂点评，即便是我们"管建刚名师工作室"的老师也都说这个环节太难把握了，面广量大的普通学校的普通老师在这个环节上的有效性会如何？摩托车比自行车快，但对于没有摩托车驾驶证的人来说，还是骑自行车为好。有人说考证啊。今天有多少老师在用心学写作呢？面对现实，我们把"当堂点评"改为"当堂点赞"，学生上台读片段，老师说这个地方写得好，那个地方写得好。把这个学生夸得高兴了，夸喜欢了，也把其他学生夸得痒痒的，期待下次也有展示的机会，得到老师的夸赞。点赞，老师总能做到。能说出赞的原因的，那再说说原因；说不出赞的原因，就说"太好了，好到老师要跟大家一起背出这句话"，也不错。

完美的、理想的作文教学，要有作前指导，要有作中指导，要有作后讲评，并且每一个环节都要做得好，做得有效。但我认为，最好不要这样用"完美的梦"来要求一线老师。全面发展的代价往往是全面平庸。

此外，习作讲评课的任务单是无法开发的。因为讲评课必须基于学生写出来的一篇篇作文，开发者看不到学生的一篇篇作文，自然无法前置设计和开发讲评任务单。并且，即便用了同一张作前指导的习作任务单，不同地区不同学校的不同班级的学生，写出来的作文的差异还是会非常大。讲评任务单只能是有兴趣、有志趣的老师的主动行为。

聂闻：习作家常课学习任务单里，例文是显著的存在。例文的选择上有什么讲究？这些例文又该如何使用？

管建刚：开发习作任务单，我们爱说的一句玩笑话："找例子比找对象还难。"确切地讲，我们找的不是"例文"，而是"例段"。课堂时间只有40分钟，学生读完整的例文，"读"的时间太长，"写"的时间就得不到保证。一次作文一般安排两课时，习作任务单是第一课时，第一课时要解决的是难点和重点，第二课时就可以放手让学生写完整的作文。所以，习作任务单从它的功能上来讲，"例段"已经能胜任了。

选择"例段"，我们有以下几个基本要求：

首先，长短要合适。一张任务单一般有四个"例段"，"例段"多一些，学生可以有选择，有时还能产生交叉效应。四个"例段"自然不能太长，不然课上读不熟；也不能太短，太短不具备示范性，对大多学生来说，"写长"依然是最头疼的事。

第二，跟重点匹配。找"例段"前，先要找"这一"单元作文的要点。没有要点，例段无从找起。罗列出"这一"单元作文的3—5个作文要点，然后从3—5个作文要点里筛选出1—2个重点。3—6年级的60次单元作文的上百个习作重点，不能有简单的重复。"例段"要典型，要跟重点高度匹配，学生一"读"了然。

第三，同龄人为主。同龄人的例子不及作家的精彩，但也有明显优势：①习作内容贴近生活，容易引起共鸣；②当堂阅读理解达成度高；③没有学习上的心理障碍，同龄人能做到自己基本上也能做到。需要说明的是，习作任务单上所有来自学生的例子，都经过了开发老师的二次修改、二次写作，还经过了习作任务单专家组的三次修改、三次写作，它源于同龄人又切切实实地高于同龄人。

第四，有递进关系。例子之间有内容上的递进关系，如任务一的例1和任务三的例3合起来是一篇作文的主题；也可能任务一的例1是训练结构，而任务三的例3则是写好结构中的一个"点"；再如，任务一的例1是写"面"，任务三的例3是写"点"，合起来有点有面，点面结合。

"要点"有了，"例段"有了，还要用一句简短浅显、学生一读就懂的话，来表达这个"要点"。如：三次吃喝，三批顾客，三个小故事，童话故事可以"反复三次"；当"人"来写，景物就"活"了、"美"了；多用动词，"图画"变"动画"；开口说话，"图画"变"动画"……这些话今天读起来好像很简单，谁都能说得出来，实际上花费了团队大量的心血。

聂闻：在家常课任务单里，任务二与任务四后都有课堂练习的环节。但我发现在课堂上，教师执行完这个内容后，却没有对学习结果进行反馈，是教师在课堂执行过程中忘了反馈，还是家常课故意不设计反馈环节？

管建刚：这个问题要分"作文家常课""阅读家常课"来回答。

作文家常课的任务二、任务四，两次"写"后都有反馈。反馈环节三步走：①学生完整地读自己的片段，老师表扬激励；②老师读学生片段中的精彩语句，全体学生一起读背；③老师再次表扬，掌声中送小作者归位。至于为什么从"教师点评"改为"教师点赞"，前面已有说明。作文课上有反馈，因为反馈的例子不是标准答案，其他学生不能照抄答案。

您提到的没有反馈发生在"阅读家常课"的身上。

阅读家常课的任务二、任务四学生练习后，没有反馈，这不是疏忽，不是遗漏，而是有意为之。学生练习后老师当堂反馈的弊端，很大很大。

首先，当堂反馈后，学生忙着校改答案。大量中后等生急匆匆擦去错的，急匆匆写上正确的，既没时间思考也没心思听分析。久而久之，学生还会发现一个偷懒的秘密，作业本上写上一个不一定对的答案，还不如留空不写，等老师当堂反馈后直接搬上正确答案，又快又省心。学生不知道写上了那个不一定正确但经过自己动脑的答案，那叫思考。看得见的答案是错了，看不见的思考力却得到了有效训练。当堂反馈，错题轻易得到了正确答案，失去了第二次、第三次独立起跳"摘果子"的机会，正确答案仅仅是写在本子上的"正确"。

其次，当堂反馈后，中后等生往往错得多，无法完全消化老师的讲评。当堂反馈告一段落，应该进入下一个学习任务了，可是没订正好的学生往往见缝插针地急着写答案，不然下课又忘了，心思都放在跟老师捉迷藏上，老师转身写板书，可以抓紧订正了；老师听同学读课文，装模作样竖起书本，在书本的掩护下订正。

再次，这道题三分之一的学生错了，那道题三分之二的学生错了，老师讲评这道题，错的那三分之一受益了，对的三分之二无所事事；老师讲评那道题，错的三分之二受益了，对的三分之一无事可干。当堂反馈，老师大多只能粗略了解作业情况，难以抓住要害，"当堂讲评"往往成了"全面讲评""繁琐讲评"。20 个学生错了这道题，听了或许有用，然而 30 个没有错的学生都成了陪听、被听。

最后，当堂反馈导致老师得不到真实反馈。当堂反馈前，老师巡视到的作业只是一小部分。学生交上来的、可以完全统计的作业，又是学生改过的。批改作业无法准确把握学情，有针对性地调整教学无从谈起。"真实"比"及时"更重要。当堂反馈的"及时"以牺牲"真实"为代价。

及时反馈不等于当堂反馈。家常课采用16字方针：当堂完成，当天批改，当天讲评，当天订正。家常课改革是基于现实的教学效益的测量来展开的。一是教师那头的现实，二是学生那头的现实。家常课改革之所以敢提出"课课"和"人人"——每一个实验班的老师的每一天的课都是这么上的，现实的可行性是我们考量的重要指标。

聂闻：家常课最核心的要素是什么？家常课对教师最大的要求是什么？家常课教学，教师最容易出现的课堂操作失误是什么？

管建刚：第一，家常课有三个核心要素。

1. "习"。把课堂时间还给"每一个"学生，"每一个"学生都应该拥有40分钟的课堂时间，"每一个"学生都在进行读、背、写的语文实践活动。家常课改革，要把70%的时间（即28分钟以上的时间）还给学生进行读、写、背。

2. "时间"。课堂效益＝课堂任务÷课堂时间。任务不变的情况下，时间越少，效益越大。家常课注重时间管理，一节课要用5—8次的闹钟进行时间管理。这个时间管理既是针对学生的，更是针对老师的，课堂时间本质上是老师浪费的，而不是学生。手里有钱的人才会浪费钱，手里有时间的人才会浪费时间。课堂时间的管控权是在老师手里的。

3. "课堂管理"。人多的地方，效益的第一保障是"管理"。家常课改革，老师要做两件事，一是设计任务单，二是课堂管理。每一篇课文每一个课时都设计任务单，这件事太庞大太难了，我们组织专家团队做好这件最难的事情，老师只要稍作修改即可。但是"课堂管理"这件事却谁也无法替代。家常课的"课堂管理"我们能提供的是课堂管理口令、课堂管理手势、课堂管理印章，但是具体操作只能由上课的老师完成。

第二，家常课对老师的最大要求，六个字："管住嘴、迈开腿。"

只有"管住嘴",才能把课堂时间还给每一个学生,学生才能拥有自己学、自己习的时间和空间。学生只有不断地自己学、自己习,学生才会学会"学"、学会"习"。有一天学生会自己"学"、自己"习"了,这就是叶圣陶说的"教是为了不教"。

"迈开腿",走到学生中间去,才能看到一个个学生展示的"学"与"习"的状况,才能及时地进行课堂组织、课堂提醒、课堂调控、课堂激励。老师走到学生中去要像领导走到群众中去,了解到实际情况是一切管理行为的出发点。"脚步就是管理",家常课要求老师一堂课走不少于500步。

实践中,老师们最容易出现课堂操作失误的,也在这六个字,管不住嘴,迈不开腿。家常课家常课,日常的每一课都要做到这六个字,这才是家常课。学习家常课不难,你来跟岗一周,肯定学得会,难的是,学会以后能天天如此、课课如此。就像晨跑,有人带你练习一周,你肯定做得到,而晨跑的难处却是在没有人带你的每一个日子里,你是否能坚持,下雨了你是否坚持,冬天了你是否坚持,昨天加班了你是否坚持。不能做到天天如此,那就不是家常课。

聂闻:到目前为止,家常课改革也快三年了,您是如何看待大家对家常课的不同声音?

管建刚:首先,有不同的声音本身就是求真务实的表现。中国是人口大国,教育问题在今后很长一段时间里都不会有完美解决的可能。每一位教育人所做出的努力探索,都是不完美的完美,都是小范围的完美。这也是为什么减负那么多年了,负担却越来越重;素质教育喊那么多年了,老百姓对教育的满意度却一直高不起来。家常课改革不可能全面解决课堂问题,以我们这样一个团队也绝不可能全面解决课堂问题。看到它的优点得鼓掌,看到它的缺点"拍砖",这很正常,很真实。有了鼓掌的人我们有勇气继续走下去,有了拍砖的人我们可以警醒自己,不要停止,未来还有更长的路要走。

第二,有争议的改革往往是触到痛点的改革。大家都知道课堂是主阵地，大家还知道课堂教学是教育改革的硬骨头，而家常课改革涉及"课课"，那就是硬骨头中的硬骨头。家常课还涉及"人人"，那就是硬骨头中的硬骨头的硬骨头。这块硬骨头，被啃的人会疼，啃的人也会疼。这是一个疼痛点。于是，大量的学校都选择了不去触碰，假装没看见。提高每一位老师的每一节课的教学效益，这是学校教育最重要的事情。这是常识，但常识不等于常态。很多教育的常识恰恰是教育的难点和痛点。就像作业不能多，多了反而不好，道理都对、都懂，做到的却很少。减负之所以那么难，也正因为触到了教育的痛点。家常课也是。

第三，所有的争议都是因为彼此的站位不同。手机市场有人做高端市场，也有人做中低端市场。中国教育有人在为高端教师打造高端课堂，也需要有人为普通教师打造他们用得起、用得好的实用课堂。高端手机看中低端手机，一定会说要设计没设计、要颜值没颜值、要速度没速度、要容量没容量，怎么看浑身都是缺点。而小米手机的崛起正是重视了中低端市场。家常课改革面向普通学校的普通老师，普通家庭的普通孩子，家常课改革要解决教育的基本问题，课业负担和考试成绩。这些基本问题跟高端沾不上边。然而，中国教育有大量的普通家庭、普通孩子，中国教育有大量的普通老师，他们一辈子连教研组长都不是，他们需要解决教育的基本问题。家常课是一个家常女孩，世上多的也恰是平常男孩，般配的婚姻最牢固。

不同的站位可以看到不同的风景。山脚有山脚的风景，半山腰有半山腰的风景，山顶有山顶的风景。半山腰的风景未必不是好风景。只是众人都说要去山顶，结果大家都把半山腰的风景给丢掉了。对于综合条件无法爬上山顶的人来说，半山腰就是最好的风景。

最后我想要说，感谢各种不同的声音，所有舍得把时间花在你身上的人都是在关心你，每一个不同的声音都是另一种方式的关怀。不同的声音可以让我们看到自身的问题，避免"身在庐山"的困境，不同的声音可以让人清醒且走得更稳健。

尾　声

谈话到这里，我心中的疑惑已经得释。屋里的灯，这时在浓浓夜色里更明更亮，而我却不禁生无限感慨。

管建刚老师以"班级作文周报"成名，以"作文评改课"大火，这些于他来说近乎标签化的成就，都属"先写后教、以写定教"的"后作文"范畴，当"后作文"发展正如日中天之际，管老师转向了"家常课"——学习任务单的探索与研究，具体到习作教学上，习作学习任务单的设置，就是习作的前置教学，这与原先的"后作文"，是截然不同的两种思路。这是不是一种"自我否定"，管老师没有正面回答，但在我看来管老师用自身的行动对此做了回答。对于一个学者，在尝到研究之初带来的甜头之后，往往会将此确定为一生研究的方向、目标，即使在研究过程中发现其存在严重局限，甚至严重走偏的情况下，都会为理想而战，为所有的不足找到自圆其说的理由，为走向小众的、精致化的研究做不遗余力地推广宣讲，会一条道走到黑。管老师自己说了，如果是个人来选、来做，他会继续选择"后作文"，这是他所长，能做到别人无法企及的高度。但这样精致化的成果，别人或耽于学养，或耽于精力、或耽于条件，只能是远远仰望着无奈地笑笑，因为这只是管建刚一个人的能耐与高度，不是整个小学语文教育的高度与成果。而管老师作为一个学者型的教师，能不断进行自我调整、自我革命，能舍弃自我所长，而寻找真正具有普适性的教育之道，无论是将来成果，还是这种精神，可贵。

对管建刚老师的教育思想稍作梳理，就会发现，无论是当年的"班级作文周报"，还是如今的"家常课"，苦苦追寻并希望能牢牢抓在手里的核心是学习者学习的"动力"，让每个学习者都"动"起来，让每个学生都有事可做，利用好课堂有限的教与学的时间，在课堂上获得成长。"兴趣，是学习最好的老师。"这句话，我们所有的老师在心里都把它当成是真理，也总是把它挂在嘴上，但在学习过程中，有多少人真正关注过学习者学习

"动力"的问题,有多人真正解决了学习者学习"动力"的问题,我们进行的教学工作,多的是把教科书赋予我们的教学任务不顾学生情愿与不情愿、接受不接受地塞给、砸向学生。我一直以为,教师教学有这样几个层次。最末流的是:自己会,却教不会学生;上一个层次:自己不会,教不会学生;再上一个层次:自己会,也教得会学生;较高的境界是:自己会,教得学生比自己还牛。但这还不是最高境界,最牛的是:自己不会,却教会了学生(准确的表述应该是:自己不够精专,却教出了远胜于自己的学生)。我们一般老师,都是"自己会,也能教会学生"这种,而"牛"的这种,有但是不多,所以不具普遍性。自然界有"青出蓝而胜于蓝"的自然现象,教育界,多的是教育上的"青蓝"现象。为什么会出现这种"牛"人"牛现象"?在我看来,这种"牛"人牛在对学习者学习兴趣的激发与维护,只有学习者有了学习的兴趣,就像给其安装了一台永动机,生命不息,动力不止,能走多远,那岂能是人所预料?管老师及其团队所在的工作,从教育的根本上着手,为学习者寻求内在与外在的动力,让每个学生成为课堂、学习的参与者,而不是旁观者,让学生在整个课堂上情感、脑筋动起来,并让这种"动"具有普适性,成为每个教师能够执行的教学行为,而不是完全靠个人素养来支撑整个课堂。立足课堂,立足教育,为广大师生着想,可敬。

因研究过程耗神之巨,用情之深,学人对自己的学术思想或成果往往会表现出一种不容置疑的心态。管老师面对不同的声音,却能保持一种超然、一种洒脱,无论毁誉,都能从中汲取前行的力量,这样的治学修为,难得。

(聂闻,《新作文》杂志副总编辑;本文原刊于《新作文》2022 年第 27 期,后被人大复印报刊资料《小学语文教与学》2022 年第 10 期全文转载报道)

4.《教师教育论坛》记者访谈

推动家常课改革，实现小学教学"减负提质"
——专访著名语文特级教师管建刚

陈兰枝　刘　源

【编者按】 近年来，以掀起"作文教学革命"浪潮而在全国小语界颇负盛名的江苏名师管建刚一直带领团队进行"家常课改革"。"家常课改革"是要通过常态化的教学让学习回归课堂，提高教学和作业的质量与效率，这与当前"双减"政策"减负提质"的导向较为契合。课堂教学改革是推动教育改革的逻辑起点，"双减"是关乎我国基础教育高质量体系建设的重大工程，但要推动这项工程，关键还在于一线普通教师革新教育教学理念，一堂一堂上好家常课。2022年，教育部将持续巩固提高学校"双减"工作水平作为主要工作要点之一。普通中小学教师如何上好家常课，提高作业设计与管理水平，逐步提升学校课堂教学质量？带着这些问题，本刊记者对管建刚进行了专访。

教师教育论坛：随着"双减"政策的推行，课外学科培训降温，学校要在学生的学习和成长过程中发挥主阵地作用。这与您"教育回归学校，学习回归课堂"的理念不谋而合。您觉得学校为学生减负，具体是"减什么"，应该怎么"减"？

管建刚："课业负担重"重在哪里？首先是重在难度深，基础教育应该重基础，而不是挖难度。第二是重在心理压力大，单元考试加期中考试加期末考试，即便不算各种名目的质量调研考试，平均下来基本上就是一周考两次。第三才是作业负担重。

这次我们主要探讨"作业负担重"的问题。学生学习要不要有作业负担？那要先问工人工作要不要有工作负担？当然要。工人在工作期间要有负担，才会努力干、好好干。学生在学习期间要有负担，才会努力学习、好好学习。所以，"减负"，减少的是课外作业的负担、回家作业的负担，不是课堂上的负担，课堂就是用来学习的，因此，课堂要增加"负担"。效率=任务÷时间。40分钟的课堂时间是固定的，效率要提高，40分钟就要完成更多的学习任务。所以我说，要增加"课堂的负担"。课堂严肃紧张，课后轻松活泼，这就是我所理解的减负生态。

我是语文老师，我们先来界定一下小学语文作业的总量。小学语文作业包括抄写、默写、练字、读课文、背课文、教材课文后思考题、大作文、小作文、日记（三年级起教材课后有要求写日记）、配套练习册（一科一辅）、《义务教育语文课程标准（2011年版）》规定的必背古诗词以及整本书阅读，这些都是刚需作业，是课标要求、教材要求、配套练习要求。"双减"政策要求，"小学三至六年级书面作业平均完成时间不超过60分钟"，语文学科大概能用25分钟左右。一篇课文配套的抄写、默写，课文后的习题以及配套练习册，加上小日记或周记，25分钟的时间已经满了，所以，从"减负"来讲，真的很难再安排别的书面作业，因为一安排，我们就越过了"双减"的时间警戒线。

"双减"政策还指出，"教师要指导小学生在校内基本完成书面作业"，这里的"基本完成"是什么意思？我问了不少教师，大家都理解为"大部分完成"，这不说错误，至少失之偏颇。因为"双减"政策里，这句话后面还跟了一句话"初中生在校内完成大部分书面作业"，初中生才是"完成大部分"。我认为，小学里的"基本完成"就是没有特殊情况都要完成书面作业，只有在特殊情况下才可以不完成。这些特殊情况包括学生生病请假了，或去校外参加什么活动了，或者今天的教学内容偏难，后进学生来不及按时完成等。

这当然是我们的理解。对"双减"政策的理解是实施"双减"的基本前提。理解上的一点儿差异，会导致实施效果出现巨大差别。

教师教育论坛：您指出小学要减轻学生课业负担，核心在于增加课堂的负担，也就是将"学习回归课堂"，提高作业有效性和质量，为此您提倡进行"家常课改革"。在您看来，一线教师如何提高作业设计与管理的能力，让学校教育"减负提质"？

管建刚：落实"双减"政策中"书面作业基本不出校门"的要求，学生作业时间有三条"路"：延时服务时间，课间和占课，课堂时间。

如果"书面作业基本不出校门"是靠"延时服务时间"来完成，那么：①教师的工作时间必然加长，教师是否还有自我学习和反思的时间和精力？没有教师的成长要实现"减负又增效"，又似乎是天方夜谭。②学生在校时间延长，学生的学习心理问题是否会更加突出？再者，必须动员更多的学生参加"延时服务"。"课间和占课"这条"路"不用说，肯定行不通。只有第三条"路"才具有可持续性。也就是说，要进行跟"双减"相匹配的课堂教学改革，提高课堂教学效益，就要节省出课堂时间，让学生当堂完成书面作业，并且通过书面作业来巩固所学、反馈所学、促进所学。所以，我们的"家常课改革"提出"刚需作业基本不出课堂"，来回应"双减"政策。我们通过课堂改革，把70%的课堂时间还给每一个学生，让每一个学生都能当堂完成以下刚需作业：①读熟课文；②背出要背的内容；③抄写；④听写；⑤完成课文后的每一个习题；⑥完成配套练习册上的习题。

就上面这些作业来讲，作业量肯定减下来了。但是，教学质量如何做到不减，甚至提高呢？我们认为，减少了作业的"量"，就要增加作业的"质"。请注意：这个"质"，我不认为是让教师"提高作业设计能力"。开发和设计高质量的作业，对于面广量大的普通教师来说，可能性极小。一线教师一是时间不够，二是能力不够。关于"时间不够"，近两年都有人大代表呼吁"切实减轻教师教育教学之外的负担"，可见一线教师负担之重，所有的"负担"消耗的都是时间；再说"能力不够"，一所学校80%

以上的教师都是普通教师,一辈子可能连教研组长都当不上,他们开发和设计的题目不可能比教材课文后面的习题更好,比优质的配套练习册上的习题更好,因为那些题都是资深专家和优秀教师花很多时间和精力反复打磨出来的。

我认为,使用好现有教材、配套练习册上的习题,就能提高作业的"质"。现在不是没有好的作业,而是好的作业没有用好、没有用出成效来。关于学生作业的完成目前有两个突出的问题:

1. 这些作业学生是独立完成的吗?一直以来,书面作业不是课间完成的,就是回家完成的,都不是在教师的眼皮底下完成的,这导致很多作业没有可靠性,因为大量中后等学生的作业的答案都是通过第三方获得的。"家常课改革"要求教师安排学生在课堂上完成所有的书面刚需作业,不只是当堂巩固、当堂反馈、当堂促进,还要能确保作业的有效性和可信度,这样作业的"质"就上去了。

2. 这些作业是独立订正的吗?我们的家常课改革特别注重作业的"最后一公里",即作业的有效批改和有效订正。"最后一公里"出现了问题,前面99公里就收效甚微。"最后一公里"要做到:(1)先批后讲,然后要求学生订正。只讲不批、先讲后批不仅效果差,而且会彻底破坏作业生态,以后学生就不会认真做作业。(2)在教师眼皮下完成订正。教师不在场监督,大量中后等学生会抄答案。抓好有效评改和有效订正,作业的"质"就上去了。

"减负提质"一定要提高作业的"质"。因为题目写在作业本上,就是作业;题目写在试卷上,那就是考试。题目、作业、考试之间有着千丝万缕的密切关系。不重视作业的"质"——作业训练的实效性和有效性,不研究作业的实效性和有效性,负担减下来了,成绩降下去了,反扑的力量更可怕。

教师教育论坛:您的"家常课改革"主张提高课堂效率,突出学生主体地位,因此要求课堂上教师讲授时间不超过30%,这一改革的基本理念是什么?教师怎样做才能落实这些理念?

管建刚：我们的家常课要落实三个理念。第一个理念：把课堂还给学生。课堂效率＝课堂工作总量÷课堂时间。"课堂工作总量"不是指教师而是学生的工作总量。一堂课的课堂效率，是看班级每个学生，而不是少量优等生的学习效率。例如在课堂上，同学A朗读3分钟，A的朗读是有效学习。如果班上有50名同学，另外49名同学处于可听可不听的状态，那么课堂效率只有2％。"家常课改革"关注的是剩余这49位同学的学习是否有效。把课堂还给学生，就是把课堂时间还给"每一个"学生。为此，我们用齐读、自由读、师生对读等方式替代"指名读"，用"书面提问""书面回答"替代"口头提问""口头回答"。同样的时间段，让学生集体读、背、记、写。教师的主要职责是组织、管理、激励和示范。以往的指名读、指名答经常把时间给尖子生、积极主动的学生，那不公平，而且整体效率低下。人人有机会，人人动起来，就会更公平，更有效率。

第二个理念：教师是主导、学生是主体。"主导"和"主体"的关系依然困扰着无数教师，课堂的主导是教师，主体是学生。教师的主导作用表现为：给学生布置学习任务，即让学生"学"什么、"习"什么，然后组织、管理、激励学生完成"学"的任务、"习"的任务。学生在学习的过程中是否用心、是否专心要靠教师组织、管理、激励和示范。"主体"是完成自己的学习任务，"主导"是组织主体好好完成学习任务，管理主体好好完成学习任务，激励主体好好完成学习任务。

第三个理念：学而时习之。"学而时习之"阐述的是"学"与"习"的关系。孔子告诉我们"学"而后"习"，要"时习"，时时"习"，反复"习"。学生跟钢琴教师学弹钢琴，学了1个小时，回家还要练习5小时或8小时。因此在我们的课堂上，"学"5分钟，要"习"10分钟，甚至20分钟，学生才能学会。因此，在时间安排上，"习"比"学"的时间更长，即"学而时习之"学生才能学会。所以，我们的家常课课堂也称为"习课堂"。

"学而时习之"的教育理念与美国缅因州国家训练实验室提出的"学习金字塔理论"也很契合。"学习金字塔理论"认为，不同类型教学及其两周后的知识保留率分别为：听讲为主为5%，阅读为主为10%，声音、图片为主为20%，示范、演示为主为30%，小组讨论为主为50%，实际演练和做中学为主为75%，马上应用或转教别人为90%。在小学语文"习课堂"上，每节课都有一张任务单，任务一、三让学生以读背的方式"学"，任务二、四让学生以写的方式"用"，人人"学"，人人"习"。有了任务二和四的"马上应用"，学生才会"学"得专注，否则就会爱读不读、"滥学充数"。"学而时习之"的"习"，就是趁着"学"后的热乎劲，马上"习"。

家常课说起来很简单，教师只要做到六个字："管住嘴、迈开腿。"生活中做到这六个字，身体就好了；课堂上做到这六个字，效益就高了。

教师教育论坛："家常课"上教师教授时间不超过30%，教师该如何做？很多教师家常课上讲授时间过长，甚至满堂灌，原因是什么？"家常课改革"的最终目标是什么？成效如何？

管建刚：一直以来，课堂以教师的讲和问为主。现在，"讲"少了，"问"却越来越多，我们做过专门的统计，小学语文教师的常态课上，提问都在80—100个之间。先不论提问质量，这么多的提问大量学生会应接不暇，疲于应付。1分钟里有两三个问题，学生思维能力也得不到调练，因为思维的深入需要时间作保障。

家常课要求把70%的时间给每一个学生读、写、背，但并不是说要把30%的时间都留给教师讲授。这30%时间内教师要做的还应包括教师的课堂组织、课堂管理、课堂激励和课堂示范。"习课堂"的操作比较简单，首先因为"习课堂"的课堂结构就是"读（背）＋习＋读（背）＋习"。我们开发了家常课任务单，包括统编版小学语文教材1—12册的每一篇课文、每一个语文园地、每一个单元作文的任务单。任务一、任务三主要是读和背，完成该读、该背的作业；任务二、任务四主要是写，完成抄写、默写、课后习题、配套练习册上的习题。每一个任务我们都进行了时间预估，确保28分钟里能完成。所以，闹钟是家常课的标配，教师可以严格把控"学"与"习"的时间，让每位学生都能有效"学"、有效"习"。

"习课堂"的教学目标不是"教师教了",而是"学生会了"。这两者之间有一座必经的桥梁——"习了"。体育老师讲三步上篮,费尽口舌,学生还是不会,习得习得,必须"习"才能"得"。很多参与了"家常课改革"的老师,不久就向我们反映:学生忙起来了,课堂纪律好了,开小差的少了,课后作业少了;教学质量提升了。我说那是教师做得好,家常课能确保作业减少,教学质量不会降,就是"减负不减质",因为"家常课改革"不是在"量"上瞎折腾,而是在作业的"质"——实效性、有效性上下功夫。

教师教育论坛:由于学生学习能力的差异,同一班级中,学生的知识掌握情况难免出现层次性差别。"双减"背景下,教师教学和作业设计都需要解决学生差异性问题。在"家常课改革"中,这一问题的解决方案是什么,能否结合语文课堂教学谈一谈?

管建刚:在作业方面,语文学科与数学学科有着很大的不同。同样一道数学题,答案是15.8,学生如果写了15.7,那就完全错了。数学往往只有一个标准答案,但语文不是。

同样的语文作业,教师可以针对不同的学生提出不同的要求。例如:抄写词语,学困生要求抄对就好;中等生,要求抄对,抄工整;优等生,抄对,抄得快,而且书写美观。又如:写话,学困生写了就好;中等生,要求写通顺,写连贯,达到题目要求;优等生,要求通顺连贯,字数在基本要求上上浮20%;"尖子生"除了以上要求外,还要求语言体现出个性特征……可见,语文作业的分层,不需要作业本身的分层,而是教师根据学生的个体差异,进行"要求"上的分层,而且我认为,这样的解决方案更具有现实的操作性。

教师教育论坛:对于"家常课改革"的结果,您说有两种,一是"减负不减质",另一种是"减负增效"。为什么改革会出现两种结果,原因是什么?怎么解决?

管建刚:减负是"家常课改革"的主要目标之一。减少学生的课业负担相对比较容易,但减负如果没有了"不减质"来做保障,减负肯定做不下去。别说教育行政部门不答应，广大家长首先不答应。

"家常课改革"在不同的学校效果有差异，主要在于"穿教学改革的新鞋，走行政管理的老路"。如果说，教学改革的新路是一条高铁的话，这条高铁左右各有一条轨道，左边那条轨道叫"教学改革"，右边那条轨道叫"行政管理改革"，缺一不可。

当前有很多有价值的教学改革，可惜大家都是去看看，学不过来。我认为，根本不是"教学改革"的内容学不过来，而是"行政管理改革"这部分内容学不过来。甚至很多的学校只是去学"教学改革"的内容，完全没想到还有另一条同样重要的"行政管理改革"的轨道，也要学回去。

我们的"家常课改革"有两个很重要的特点：1. 人人；2. 课课。"人人"就是每一个语文老师都要进行课堂教学改革，而不仅是几个骨干教师。"课课"就是每一天每一节课，而不是有人来听课、有领导来检查的时候实施教学改革。只有开展跟"家常课改革"相配套的"家常课行政管理改革"，整体改革才能稳健地推进。比如，我们推出的"习课堂走课"，管理人员边走边听，一节课时间能够了解所有教师的"习课堂"情况；我们推出的"习课堂视频教研"，要求上课时教师用手机给自己的课录视频，发送到学校FTP共享网络，不受时间和空间的影响，可以实现"人人"教研，甚至"课课"教研。这些行政管理改革跟家常课的"课课"和"人人"的特点完全吻合。我们还改革"习课堂备课"，习课堂的任务单由团队提供，教师们备课做两件事：一读熟课文，上传音频到教研组QQ群；二字迹工整、独立地做一遍任务单（学生版），拍照上传到教研组QQ群。这跟我们家常课改革"基础教育重基础"的理念相一致。

"教学改革"和"行政管理改革"同步，两条腿走路，这是"家常课改革"给我们带来的一个非常重要的启示。

教师教育论坛：您的《不做教书匠》被称为全国第一本为青年教师量身定做的励志书，在"双减"背景下，您对教师的职业价值有何新的理解？能否结合您的"家常课改革"对青年教师成长提出一些建议？

管建刚：好的，我想通过《教师教育论坛》杂志的平台跟青年教师说三句话。第一句：不要浮躁，要务实。要从真实的教育现状出发，要从真实的课堂出发，要从真实的学生出发，真真实实地落实"双减"，"双减"的主阵地依然是课堂，每天的一节又一节的家常课没有真实改变，就不会有真实而持久的"双减"。第二句：不要"躺平"，要努力。很多年轻教师考到了教师编制，从而有了"铁饭碗"，人生从此"躺平"。希望年轻老师永远放弃这个想法，因为每一天大家都要面对几十个孩子，我们未必能决定他们的未来，但他们的未来必定跟我们的努力程度有着巨大的正相关关系。我们哪怕不是为实现自己的人生价值努力，也要为天真烂漫的、未来充满无限可能的孩子努力。第三句：不要停止，要前行。我从教 31 年了，这 31 年里，国家教委或教育部，教育部联合九部门或中共中央办公厅、国务院办公厅等一共颁布了 7 次"减负令"，可见减负这件事任重而道远。"减负"行动永远在路上，"减负"没有最好，只有更好，"减负增效"是值得我们教师一辈子研究的务实课题。

（陈兰枝、刘源，《教师教育论坛》记者；本文由《教师教育论坛》2022 年第 2 期报道）

5.《小学语文教师》习课堂专题报道

习课堂，家常课的革命

杨文华　钮云华

杨文华：钮校长，我们很想听你聊聊一线老师天天上的家常课。

钮云华：好的。父母面前你是子女，子女面前你是父母；下级面前你是上级，上级面前你是下级……不同的场合我们有不同的身份。课也是。家常课是它的一个身份，公开课是它的一个身份。观摩课、研讨课、展示课、评优课面向"高端人群"，家常课面向80%以上的"普通大众"。

公开课是诗和远方，家常课是柴米油盐。公开课面向教育的未来，家常课面向教育的现实。公开课是轰轰烈烈谈恋爱，家常课是跟老婆孩子踏踏实实过日子。婚姻当爱情来过，婚姻本身危险。爱情当婚姻来谈，爱情本身危险。爱情和婚姻有没有画等号的？有，少有。家常课和公开课有没有合二为一的？有，少有的少有。

公开课是别墅和鲜花，家常课是粮食和蔬菜。家常课是脱贫，公开课是致富。公开课好比上馆子、吃大餐，家常课好比家常菜、家常饭。上馆子，偶一为之，换换口味，热闹热闹，很好。天天上馆子？受不了。学校两位老师上评优课，今天拿到课题，明天上课。教研组10位老师一起备课、做课件、做教具，忙到凌晨1点，如此"大餐"，天天吃，谁受得了？

公开课要理念、要创意、要笑点、要泪点；家常课管纪律、管作业、管考试、管后进生。公开课管理想，家常课管吃饭。90%以上的老师一辈子只能是普通一线老师，就像90%以上的学生不可能上985高校。90%以上的一线老师的心愿，学生成绩好一点，回家作业少一点。家常课是一线老师的刚需；家常课革命，目光转向一线老师的"刚需"。

杨文华：家常课、公开课的区别是很大的。是出于这样的原因，您和您的团队开始了一场"家常课革命"吗？

钮云华：听了100多节家常课，很痛苦，很痛心。开小差的学生那么多，讲课的老师却不知道，也顾不过来。那么多宝贵的课堂时间都在老师的讲啊讲、问啊问里，没了。我们讨论了一次又一次，得出一个结论：错不在教师，错在常用的教学方式。

开火车读，希望前面的学生读，后面的学生认真听。课堂真相是，没轮到的学生会认真听，一开过"火车"便东张西望了。一个班50个学生，"火车"往往只开一个片，西南角开起了"火车"，东北角什么事也没有。

指名朗读，希望一人读，其他人听，边听边学。课堂的真相是，一人读，一群人开小差。读后，一两人说说，无非是"声音响亮""读得很流利""很有感情"的套路。

小组讨论，希望相互启发，头脑风暴。课堂真相是，50个学生分成12个讨论组。嗡嗡声中，哪分得清真讨论还是真聊天？全班至少有12人同时发言，哪听得清？大班额下的小组讨论，普通老师哪有那样的调控能力？

一问一答，希望一生答，其他人在心里跟"答案"比较。课堂真相是，回答的学生既不响亮也不清晰，49个旁听生大都事不关己高高挂起。我们反复统计，一节课上老师提问100次左右，老师疲于提问，无暇有效管理课堂，课堂涣散。

课堂表演，希望还原文中场景，学生用表演来揣摩人物、理解人物，进一步领悟内容。课堂真相是，大部分学生没什么表演能力。分组表演的场面，比分组讨论还可怕。那几个调皮蛋、头疼生看起了漫画书，吃起了零食……

以上罗列的这些教学方式吃力并不讨好，为什么还在用？

因为公开课都在用。但哪一节观摩课上，学生读了18分钟课文、背了

12分钟课文、抄写默写词语10分钟？哪一节展示课上，课后习题、配套练习册学生都做了？一线老师蒙了。

多年来，以"公开课"的样式研究"家常课"，错把公开课当家常课，错把艺术当实战。家常课上，大量充斥着大而化之的学习任务，可做可不做、可答可不答、可听可不听的学习任务。必须由"这个学生"来完成的"这个学习任务"，很少很少；"学习任务"成了"大锅饭"。学生无事可做，"无事"就要"生非"。忙起来了，既没时间去"生非"也没心思去"生非"。

杨文华：你们的家常课叫"习课堂"，就是要让学生"习"起来，"忙"起来，没时间去开小差！

钮云华：我们围绕"习"做教学改革，老师们亲切地喊"习课堂"。习课堂的诞生，有一个不光彩的故事，不，应该说是事故——

一天早上，几个家长找到我，告语文老师的状。一个说，昨天的语文作业孩子做了两个小时；一个说，孩子做了三个小时；还有一个说，晚上11点还没做好，我不让他做了。语文老师解释，昨天有两节语文课，上完一篇课文，回家作业是抄写词语、背诵课文、课后习题和配套练习册，都是应该做的。语文老师说，明天要上新课，所以布置了预习，这也是常规内容。

乍一听，语文老师没错。细想，课文在家里预习读熟，词语在家里抄写默写，背诵回家背，练习册在家里做，那学生在课上干什么呢？都说学生"课业负担重"，我说学生重的不是课堂作业的负担，而是课后作业、回家作业的负担。课上学生不忙，总有时间溜号。课上忙的是老师，不停地讲、不停地问，学生可听可不听、可答可不答。直到下课铃响，老师才匆匆忙忙布置作业。

一些学生语文基础差，表现在三个方面：①词语不扎实，默写10个词语错5个；②课文读不通，疙疙瘩瘩的，恨不得把耳朵捂上；③记不住，背课文简直要了他小命。这三点出问题了，语文成绩一定糟糕。这三个基础打好了，成绩坏不到哪里，至少不会不及格。这三点难吗？不难。为什么总有语文后进生及格都难？因为课上老师不管这么简单的事——

课上学生读不熟课文，老师说回家把课文读熟；课上学生背不出课文，老师说回家把课文背熟；课上学生没时间抄写词语，老师说课后抄吧；课上学生没时间默写词语，老师说回家默吧；课上学生没时间做作业，老师说回家做吧。

自觉的学生，回家后会读熟课文，背出课文，默写词语。不自觉的学生，有重视的家长，也没问题。不自觉的学生里总有不重视的家长。像我们学校，80%的生源来自务工人员家庭，家长忙着挣钱，哪有心思配合学校教育？两年下来，一些孩子读课文疙瘩，默词语错了又错，背课文像脱了他一身皮。

于是我们思考，这些看起来简单实际又很重要的作业就不能在课上完成吗？

两位一线普通老师的故事，让我们更加坚定了习课堂的脚步。

李老师声带息肉动了手术，不能开口说话。每次上课她都带了块小黑板。第一课时小黑板上写：①课文读通顺、读流利，读10分钟；②词语抄写三遍后，班长听写词语；③背诵段落。第二课时小黑板上写：①课文读两遍；②完成练习册上的习题；③先完成的看课外书。期末考试，李老师的班年级第一。体育老师讲三天三夜的三步上篮，学生还是不会，必须学生自己不断地练习，才能习得；音乐老师讲三天三夜的音符节拍，学生还是不会，必须学生自己不断地练习，才能习得；美术老师讲三天三夜的色彩构图，学生还是不会，必须学生自己不断地练习，才能习得。凭什么语文不是这样的呢？凭什么语文老师总认为"讲"得会呢？

江老师是一线普通老师，教书24年，一次次期中考、期末考、抽考，她带的班成绩总名列前三。后来，"三"也不多见，多"一"多"二"；后来的后来，"二"也不多见，多"一"。江老师班上学生做的作业，平行班也都做，为什么她的班名列前茅呢？我们了解到一个重要的信息，江老师的学生的作业都是在她眼皮底下完成的。江老师说，学生回家做的作业质量你能信吗？最可信的作业就是老师的眼皮底下完成的作业。作业质量决定考试成绩。为什么课上不能解决重要的作业问题？每个老师都可以在自己的课堂里自己的眼皮底下解决学生作业，学生回家作业的负担不就轻了吗？学生的课业负担不就轻了吗？

杨文华："学生的课业负担重根本表现是回家作业的负担重"，我十分认同这一说法。考试好一点，回家作业少一点，大量一线老师每天都在企盼的"刚需"，也是每个学校都在企盼的"刚需"。习课堂怎么上？"习"什么？怎么"习"？不展开了。我想问：习课堂跟以往的家常课有什么根本的不同？

钮云华：用一句话来概括"不同"：习课堂，老师的主要功能不是"讲课"，而是组织、管理、激励、示范。

教师讲得太多，太喜欢"问"了。怎么判断学生的主体地位？我有一个简单的标准：40分钟的课堂时间，学生有21分钟的自学、自习时间，合格；有25分钟，良好；有30分钟，优秀。"学而时习之"，"学"后要"时习"，也就是"经常习""反复习"，"习"是最重要的"学"。学生"学"了5分钟，应该"习"15分钟，才能内化知识，才能把知识转化为能力。校长给老师们开会，讲了一个小时，一出会场，老师们能记住几句？不超过五句。到了办公室，老师们还能说出几句？不超过三句。既然只能记三句，为什么不能只讲三句呢？90%的"讲"是这样的：你不讲，学生也会；你讲了，学生还是不会；你讲了，学生没有听或者没听懂；要么听了，下课又忘了。

学生不应是课堂上的旁听者、旁观者，学生要成为课堂上最忙碌的人。一个人的本领从来不是听出来的，也不是老师讲出来的，而是自己练出来的。习课堂上，老师的主要功能是组织学生自学、自习，管理学生自学、自习，激励学生自学、自习。90%以上的内容，是学生自己"学"会、自己"习"会的，不是老师"教"会的。习课堂上，学生忙着"学"和"习"，老师们不讲、不问了，老师们干吗？组织、管理、激励，这一点管建刚老师有专门的文章，我不展开了。至于"示范"，去年3月《小学语文教师》刊发了管建刚老师的《你今天示范了吗？》，谈过示范的重要性，感兴趣的老师可以搜一下。

第斯多惠说，教育不在于教给学生多少知识，而在于唤醒、激励、鼓励。学习从来都是学生自己的事。习课堂，教师要从原来的"教"的角色，转变成组织者、管理者、激励者；升一格，还要成为"示范者"；再升一格，最好成为"点拨者"。只是恰当有效的点拨太难了，"不愤不悱，不启不发"的把控太难了，一不小心就沦为喋喋不休的讲解。一线普通老师能做到前四个角色，非常好了，习课堂不苛求完美。

习课堂与以往的课的不同，还在于备课。习课堂的备课是备习题，课后的习题、配套练习册上的习题。这些"习题"包括：朗读课文，背诵课文，掌握生字新词，掌握语文要素，理解课文要点，体会表达奥秘。备课，要给"习题"分类，哪些第一课时完成，哪些第二课时完成，要制作成"任务单"，"任务单"就是"备课单"，"任务单"就是学生的"忙碌单"，"任务单"就是上课效果的"检测单"。课后习题是全国的专家编写的，配套练习册是省里的专家编写的，一线普通老师能把这些题目消化，能让学生在两节课上完成，功德无量了。

杨文华：听了您的介绍，我以为习课堂首先是回归，回归到教学常识，回归到基本的教学规律。习课堂拒绝作秀，讲求教学实效。习课堂将触动到每一位教师，触动我们对理想课堂的基本认知。习课堂探索一年多，您最难忘的是什么？

钮云华：有两句话，我忘不了。

一句话是一位杭州的老师说的。她听了我们的习课堂，说："这样的课我也会上。"这个时代，要听课学习实在很方便，网上也可以随时学习。那些优质课、公开课，90%的教师听了以后，都说好，可惜太好了，学不来。听课越来越像听相声，看演唱会。而习课堂面向一线普通老师，拿着"任务单"你就会做。"简单、有效、上手就会"，习课堂的追求！

另一句话，是一位经常不做作业的学生说的："课上有事做，一堂课过得好快。"作业都在课堂上做，同学们在做，他也不好意思不做。这次他一下子考到了良好，很开心，他的爸爸妈妈也很开心。习课堂上，忙碌的不是"个别学生",而是"所有学生"。每个学生都有属于他的、必须由他本人来完成的"习"的内容。学生忙到没时间开小差。课上紧张了,课后可以轻松了。以往的课刚好相反,课上松松垮垮,课后作业一大堆,学生苦命地写啊写。

习课堂简单,不好看。来听习课堂的老师一直在刷手机。习课堂,看的是学生。习课堂干掉 90% 以上的"刚需"作业,学生课后才有时间奔跑、玩耍、发呆、侃大山。习课堂就是家常课,简单,养人,不折腾。

(杨文华,《小学语文教师》主编;钮云华,苏州市吴江经济技术开发区长安实验小学校长;本专题文章均由《小学语文教师》2020 年 5 月报道)

习课堂的 10 条干货

管建刚

1. 学生要完成哪些"习"的任务?

一篇课文两个课时,80 分钟的习课堂上,学生要完成:
(1)读熟课文。(2)词语抄写、默写。(3)背出要求背诵的段落。(4)完成每一道课后习题。(5)完成配套练习册上的每一道习题(跟课后习题重复的,不做)。(6)当堂听读配套练习册上的阅读材料;配套练习册没有阅读材料的补充一篇。低年级听老师读;中年级听读和默读结合,完成一道习题；高年级默读为主，完成两道习题。

80分钟里，学生朗读默读30分钟左右，学生习题练习30分钟左右。老师的组织、管理、激励、示范和少量讲解，20分钟。

第一课时基本内容和时间分配：

（1）读熟课文，10分钟；

（2）字词字音（含默写词语）、了解课文大意，10分钟；

（3）读重点段落（跟下面的习题有关的段落），10分钟；

（4）完成跟上面"重点段落"相关的课后习题、练习册上的习题，10分钟。

第二课时的基本内容和时间分配，分两种情况。第一种，有背诵的课文：

（1）复习读课文、背诵相关段落，20分钟；

（2）完成跟背诵段落相关的课后习题、练习册习题（背诵段落都是重点段落，都有配套的理解题），12分钟；

（3）补充课外阅读，8分钟。

第二种，没有背诵的课文：

（1）复习读课文、读重点段落一，10分钟；

（2）完成跟上面"重点段落"相关的课后习题、练习册上的习题，10分钟；

（3）读重点段落二，6分钟；

（4）段落二相关习题（包括写话和延伸阅读），6分钟。

注意：以上每一环节的时间设定，包含了老师的组织、管理、激励、示范和讲解，老师的时间占30%左右。

2. 老师不讲学生不会，怎么办？

习课堂，老师主要在组织、管理、激励和示范，讲得很少很少。有的习题太难，大部分学生做不出，怎么办？有以下四个办法——

（1）读熟习题对应的段落。学生订正阅读理解题，有经验的老师不要他们写，先大声读。读得滚瓜烂熟了，不会做的居然会了。有的学生读熟了也不会做，有经验的老师要他背重点段落，背出来就不用做。结果学生背着背着，突然说"我会了"。阅读理解上的"难题"，往往"难"在学生不知道读哪里。对应的段落找到了，在老师的眼皮下反复读了，"难题"不难了。习课堂，反复读重点段落。重点段落根据"难题"来选择。女生带着题目听男生读对应的段落，男生带着题目听女生读对应的段落，全体同学带着题目听老师读对应的段落。难题不难了。

（2）降低习题的难度。有的习题太难了，那就改一下，降低一点难度。如三年级的《掌声》，浙江省的配套语文作业本上有一题：

英子的动作、神态	英子的心情
犹豫、慢吞吞地站了起来、眼圈红红的、一摇一晃地走上讲台	
刚刚站定	非常激动

学生一要想着动作、神态的词，二要根据左边的空找到对应的句子，三要在对应的句子里找全关键词，四要写出右边的心情。比较难，不妨降低难度，改为——

英子的动作、神态	英子的心情
英子 犹豫 了一会儿， 慢吞吞地站了起来 ， 眼圈红红的 。在全班同学的注视下，她终于 一摇一晃地走上了讲台 。	
就在英子刚刚站定的那一刻，教室里骤然响起了掌声，那掌声热烈而持久。在掌声里，我们看到，英子的泪水流了下来。	非常激动
掌声渐渐平息，英子也镇定了情绪，开始讲述自己的一个小故事。她的普通话说得很好，声音也十分动听。故事讲完了，教室里又一次响起了热烈的掌声。英子向大家深深地鞠了一躬，然后，在掌声里一摇一晃地走下了讲台。	

这样，不用老师讲，90%的同学都会。改前和改后的题，都附在任务单上，能做难的就做难的，能做简单的就做简单的，做了简单的又想做难的，也行。

（3）写上"解题小贴士"。有些习题，难在题意的理解，不妨在一旁写解题提示。如，《月光曲》有一题：

盲姑娘说："我不过随便说说罢了。"请写一写她此刻真实的内心想法。

一旁写上提示：盲姑娘真的是随便说说吗？那她为什么要这么说呢？这样既避免老师的讲解，又能让每个同学反复看老师写下来的"讲"。"所有的问题都可以变成习题，所有的讲解都可以变成讲义"，为了让老师控制讲的欲望，习课堂提出这样的口号。

（4）变通一下题目的式样。《掌声》还有一题：

如果让英子自己来讲这个故事，她会怎么讲呢？借助上面的表格，试着讲一讲这一段的内容。

一学生讲，其他人无事可干，不符合习课堂的理念——让所有学生动起来，有事干。于是变通为：①把第三节里的"英子"改成"我"；②你就是"英子"，读好这一段话。——换成"我"后读熟，原题的基本精神达到了，也避免了一人"讲"众人"听"。至于"讲"的能力，可以安排专门的课时、专门的活动。

3. 为什么要设置奖励题？

第一课时、第二课时都有任务单。任务单的习题来自课后习题和配套练习册，奖励题是新增的。

习课堂有两个特点：（1）零起点教学。没有预习的学生也能在课上读熟课文、背出课文。（2）大板块自习。学生有整块的时间读书和练习。读同样的文、做同样的题，速度快的不到五分钟完成了，速度慢的10分钟也没完成。先完成的同学怎么办？——做奖励题。快的同学完成别人完成不了的奖励题，有看得见的"多"学，有成就感。

语文的奖励题以读背为主，一两分钟记住一两句经典的话，长此训练，学生懂得用边角余料的零碎时间。奖励题可以做成系列，如，一年级是《三字经》节选，二年级是《千字文》节选，三年级是《声律启蒙》节选，四年级是《小古文》节选等等。

4. 完成任务单后，为什么不讲评？

（1）原有的"繁琐分析"会摇身一变，成为"繁琐讲评"，讲评时间比学生"习"的时间还多。

（2）假设正确率是70%，就有70%的讲评是浪费，有效率只有30%；正确率是80%，就有80%的讲评是浪费，有效率只有20%。课堂时间不能如此低效地使用。习课堂建议，当堂收起任务单，老师贴出用红笔做好的任务单（一般基础题不用做），学生随时可以查看答案。老师批好任务单，拿走贴出的答案单，学生即可订正。

（3）课上讲评，学生错了会改，由此必然会有学生的课堂练习也不好好做了，反正老师讲答案的嘛；老师批到的任务单，也看不到学生的真实情况，得不到真实的反馈。

学生知道错了、错在哪里，够了。知道错了、知道错在哪里，还不会，那只有两种情况：题目太难了，不适合他；要个别辅导。课上当堂讲评，看起来缩短了"理解"的时长，拔苗助长带来的致命缺陷，几乎不可挽回。

5. 学生完不成任务单，怎么办？

（1）考虑任务单的容量。两节语文课完成读课文、背课文、抄默写词语、课后习题、配套练习册习题，能做到。一篇课文完成以上的习题，足够了，不用额外开发了。

（2）每次的任务单，老师用中等生来预估时间。学生做练习，老师设置好电子闹钟，闹铃响所有人停笔。设置的闹铃一般不超过 5 分钟，时间长了，没紧迫感，效果不佳。整块练习 10 分钟的，前 5 分钟不用闹钟，第 6 分钟起用。

（3）下课即收走所有任务单，不许课后补（特殊情况另定）。没有完成的，算错，按常规要求订正。每节课都要训练学生的作业速度和效率。有的学生的课业负担重，是他写作业磨蹭，别的学生 10 分钟做完，他 30 分钟也完不了。不训练学生作业速度和效率的班级，考试成绩不会太好。

6. 老师管住了嘴，该干什么？

老师有很重要的活儿干，活儿的名字叫"组织、管理、激励"。50 人的班，没有组织和管理一定乱。不会组织管理激励的老师，自身语文水平再高也未必能带好班级。

一要"组织"学生去"习"。"组织"主要表现在"习"的起始阶段。学生要在一个组织起来的集体里"习"，而不是一个松松垮垮的群体里"习"。二要"管理"学生去"习"。"管理"主要表现在"习"的中间阶段。学生在"习"中出现了懈怠，老师及时发现、及时恢复。三要"激励"学生去"习"。"激励"主要表现在"习"的中后阶段。这个阶段会有"习"的困顿，激励能充电充能。

以学生练习朗读为例，老师：（1）环视全班，有学生没进入状态，老师走过去，听他读 20 秒，然后说，不错，就这么读，你跟某某一样认真。（2）后进生调皮蛋进入状态了，老师去找读得认真、读得投入、读得忘我的学生，敲上"表扬章"；遇到不认识的字，主动问老师的，不通顺的地方反复读的，也敲上"表扬章"（"表扬章"有相关兑换和使用机制）。（3）收集学生不认识的字、容易读错的句，一会儿带大家读。（4）迅速收集和组织这一环节要表扬的名单。

习课堂，学生是看得见的"忙"，老师是看不见的"忙"。这个看不见的"忙",叫组织、管理、激励。班级人数越多,课堂管理的成本越大。管理不是开会,管理是在现场的每一分钟,在课堂的每一分钟。

7. 语文能力胜过语文教学能力,为什么?

教育有两个名字,一个叫激励,一个叫影响。激励的主要形式是"表扬",影响的主要方式是"示范"。习课堂,老师最经常的"教"叫"示范"。教写字,看老师写,跟老师写;教朗读,听老师读,跟老师读;教背诵,听老师背,跟老师背;教作文,看老师的,跟老师一起写。一手好字的老师,他的学生的字绝不会差;朗读扎实的老师,他的学生朗读绝不会差;喜欢写作的老师,他的学生作文绝不会差。学生要背的老师都背出来了,学生背前老师说"听我背",这个班的学生不会怕背课文。

不要急于培训老师的语文教学能力,而要去看看语文老师的字,听听语文老师的朗读,读读语文老师写的文章。孩子要报游泳班,教练说他也不大会游泳,你放心让他教吗?夯实了语文老师的写字能力、朗读能力、作文能力、演讲能力,哪怕他没有所谓的"教学策略",带出的班级绝不会差。习课堂,就这么往实在里想,往实战里做。

8. 老师"示范"不了,怎么办?

真正的好课,不是老师大量的"讲"和"问",而是学生大量的"自学"和"自习"。老师的主要功能不是"教",而是"教"学生"习"(旧时,教师也称"教习")。习课堂认为,"示范"就是最好的"教"。

一个不能"示范"好字的老师,喋喋不休地讲"横平竖直",没用。一个不能"示范"朗读的老师,口口声声讲"美美地读""有感情一点",没用。"示范"不了,老师要尽快、尽力去补语文能力。而语文能力的习得绝非一朝一夕,怎么办?

——请学生示范。

写字，三月请张同学示范，四月请王同学示范。朗读，第一课李同学示范，第二课赵同学示范。作文，这一次管同学示范，下一次江同学示范。学生一示范，老师就表扬，夸他们厉害，比老师还厉害。学生一示范，老师就激励，激励其他同学能超过他们，争当下一回的示范者。

9. 任务单上的习题，要创编吗？

1.0版的任务单，不用老师编题，只要用题。用哪些题？课后习题、配套练习册上的习题。统编教材召集国内顶级专家编制的课后习题，比一线普通老师的创编更有信度；省里专家编写的配套练习册，比一线普通老师绞尽脑汁编写的，更有价值。1.0版的任务单，老师只要分类，哪些第一课时的第一次练习用，哪些第一课时的第二次练习用，哪些第二课时的第一次练习用，哪些第二课时的第二次练习用。这，所有老师都做得到。

2.0版的习课堂，也不用老师编题，只要选题。课文后的每一道习题，那是国家意志，都要完成，不用选。练习册上的也可以选，可以从北京、上海、江苏、浙江的配套练习册里选并加以整合。有了1.0版的基础，2.0版换点习题，不难。

3.0版的习课堂，任务单上的习题才要创编。以我30年的教学经验看，3.0版是理想，可以暂缓的。

10. 课上不讲道理，育人怎么办？

教《诚实和信任》，一次又一次讲做人要诚实守信；教《金色的鱼钩》，一遍又一遍讲舍己为人的精神，不能说讲错了但至少讲偏了。"育人"靠"人"。一个诚实守信的老师，一个舍己为生的老师，不讲一句话，他的行为本身就是最好的育人。

课文熟读，文本的育人价值会自然渗入。选文很重要。习课堂重视读和背，一篇课文学生读背30分钟左右，课文里的育人营养，十之七八学生自然吸收了。要警惕"过犹不及"。宁可三分饥也不要十二分饱。三分饥有益，十二分饱有害。身体的健康和精神的健康有着惊人的一致性。宁可"不及"也不要"过"。"讲道理"不等于育人，"讲道理"一过头，负效的"贴标签"就出来了。

习课堂，老师有时间有精力组织、管理、激励，关注优等生，关心调皮蛋，关爱后进生，这就是育人。习课堂，老师给学生盖章、竖起大拇指、拍荣誉照，这就是育人。刻意地讲道理，那叫无奈，习课堂不提倡。

统编版六年级上册《月光曲》课堂实录（第一课时）

执教：黄莉萍　点评：管建刚

一、读课文（10分钟）

1. 自由读。

师：《月光曲》是德国最伟大的音乐家贝多芬谱写的，他谱写《月光曲》还有一个美丽而动人的传说。请同学打开书，自由读课文。老师有两个小要求：

（1）读准字音，读通句子，遇到不认识的字问老师。

（2）遇到难读、有错字、漏字的地方，反复读3遍。

自由读 6 分钟，争取读 2 遍。

生自由读，师巡视，答学生的问。

师：刚才读的时候，五位同学找出了较难的生字词，老师带大家一起读一读。

生齐读：微波粼粼、茅屋、入场券、陶醉、霎时。

【点评：课堂就是要给学生大块的时间去读正确、读流利。这个事情交给预习，后进生就会越来越后进，后进生根本不会把这当回事儿。习课堂，读就是最重要的"习"，给足学生"读"的时间。】

2. 读第 9 节。

师：交给大家一个新任务，3 分钟时间反复读要背诵的第 9 自然段，读 3 遍以上的同学，老师给他敲一个"学霸"印章。

生自由读，读 3 遍的举手，老师敲章表扬。

【点评：这是要背诵的段落，也是课文最难读的段落，就应该老老实实地反复读。】

3. 读词语。

师：一起读本课的词语。

生齐读。

师：读词语不要拖调，"幽静的小路"，"的"字要读得轻而短，听老师读。

生模仿读：幽静的小路、清幽的月光、纯熟的技艺。

师：自由朗读词语 2 分钟，遇到不会或较难的生字词，书空。

二、任务一（10 分钟）

师：请拿出任务单，完成任务一。注意书写工整，字迹清晰，词语要边抄边记，抄写完马上要听写。

> 任务一
> 1. 用"√"画出加点字的正确读音。
> 入场券（quàn juàn）　　微波粼粼（líng lín）
> 恬静（tiān tián）　　兄妹俩（liǎng liǎ）
> 2. 选词填空。
> 　　　　　　幽静　安静　寂静
> (1) 此刻，教室里特别（　　），大家的心都吊到了嗓子眼儿。
> (2) 这条（　　）的小路，在晚霞的映照下格外迷人。
> 　　　　　　熟练　熟悉　纯熟
> (1) 这工人的技艺多么（　　），简直完美！
> (2) 三个月了，终于见到了那（　　）的陆地。
> 3. 抄写词语。
> 谱写　钢琴　幽静　断断续续　茅屋　烛光　失明　纯熟　清幽　琴键　景象　陶醉　莱茵河　盲人　一缕
> 4. 听写8个词语。

【点评：这些作业是黄老师重组的，适合初读后练习。作业质量不好的学生考试不会好；作业质量好了考试不会糟。一线老师一定要研究作业。】

生完成"练习一"，师巡视并表扬。

师：某某同学字迹非常工整，其他同学要向他学习。

师：某某同学的字写得又快又好，老师忍不住要给他敲上一个"学霸"的印章！

师：同学们在抄写时，遇到不会写的字，可以在旁边多写几遍。

师：某某同学已经把不会写的字抄写3遍了，慢的同学要加油了。

师：时间到。语文书合上，把学习单翻到反面，我们进行词语的听写。

听写内容：谱写、莱茵河、盲人、纯熟、琴键、一缕、陶醉、幽静。

同桌互相批改。

师：全对的同学举手。

师：这么多！掌声送给自己！

【点评：当堂抄写、当堂听写，学生才会养成边写边记的好习惯。】

51

三、读重点段（10分钟）

师：回到课文，刚刚大家都读得认真、做得认真，老师也想读课文的第3自然段，请同学们认真听。

师示范读。

师：读的时候，要一会儿把自己当成是盲姑娘，一会儿把自己当成是哥哥，一会儿又把自己当成是贝多芬。请同学们自由练读第3自然段。

生自由练习。

师：注意，"琴声忽然停了"，我们要在"琴声"和"忽然"之间稍微停顿一下，"忽然停了"就可以稍微加快点速度。哥哥在听完妹妹说的话以后，内心是低落的，沉重的，我们读的时候就可以读得慢一点。

师再次示范后，学生再次练读第3自然段。

生齐读课文第3自然段。

师：请同学们像读第3自然段那样，自由练习读课文第3—8自然段。

生练读后，齐读第3—8自然段。

师：进步很大。读第6自然段，注意两个"您"，第一个"您"是疑惑的语气，应该读得轻一点，第二个"您"是肯定的语气，读重一点，一起再来读第6自然段。

生齐读课文第6自然段。

【点评：第3—8自然段跟后面的习题紧密相关，必须好好读，理解才不会有大问题。什么是重点和难点？我们可以学习数学的——学生做不出来的就是。研究课后习题、研究配套练习册，你就知道学生最大的难点、痛点在哪里。老师讲了一节课，学生做练习都是错的，这样的傻事我也干过很多年。】

四、任务二（10分钟）

师：读得真好！现在请同学们拿出练习单完成"任务二"。

任务二

(一)

一个姑娘说:"这首曲子多难弹哪!我只听别人弹过几遍,总是记不住该怎样弹,要是能听一听贝多芬自己是怎样弹的,那有多好哇!"一个男的说:"是呀,可是音乐会的入场券太贵了,咱们又太穷。"姑娘说:"哥哥,你别难过,我不过随便说说罢了。"

……

盲姑娘听得入了神,一曲弹完,她激动地说:"弹得多纯熟哇!感情多深哪!您,您就是贝多芬先生吧?"

贝多芬没有回答,他问盲姑娘:"您爱听吗?我再给您弹一首吧。"

1. 盲姑娘说:"我不过随便说说罢了。"此刻盲姑娘内心会想些什么?
【解题小贴士:盲姑娘真的是"随便说说"吗?那她为什么这么说?】

_____

_____

2. 贝多芬为什么弹琴给盲姑娘听?为什么弹完一曲又弹一曲?

_____

_____

3. 贝多芬说:"我的音乐只应当为穷苦人造福。如果我做到了这一点该是多么幸福。"他为穷苦人造福了吗?他是怎么做到的?请结合这句话写出你对文中画线句子的理解。

_____

_____

(二)

一阵风把蜡烛吹灭了。月光照进窗子,茅屋里的一切好像披上了银纱,显得格外清幽。贝多芬望了望站在他身旁的兄妹俩,借着清幽的月光,按起了琴键。

1. 阅读本段文字,文中有四个触发点,分别是蜡烛、茅屋、月光、兄妹俩,贝多芬创作《月光曲》的两个触发点分别是:一是_____,二是_____。

2. 用"——"画出这段文字中的比喻句,并结合这句比喻句完成填空。

这句话把_____比作_____。写出了月夜景象的_____,与整篇文章的情境基调相吻合。

【点评："任务一"的习题是基础性知识，"任务二"的习题是理解能力，第二课时的"任务三"是"创造性练习"。练习有梯度。】

生做"任务二"，师巡视并表扬。

师：完成的同学可以抬起头来背诵"奖励题"。

奖励题
◎智慧、勤劳和天才，高于显贵和富有。——贝多芬
◎苦难是人生的老师，通过苦难，走向欢乐。——贝多芬

（下课前夕）师：能背奖励题的同学请起立，一起背。

生背诵奖励题。

师：你们不仅完成了学习单，还把"奖励题"完成了，老师要给你们拍照做纪念。

师：请最后一位同学把任务单往前传。今天的课就上到这里，下课。

【点评：每一节课的奖励题，老师们在习课堂实践中的创新。这样一来，速度快的学生也有事情可干了。这一课的奖励题是贝多芬的名言，挺好。】

（黄莉萍，苏州市吴江经济技术开发区长安实验小学教师）

统编版六年级上册《月光曲》课堂实录（第二课时）

执教：顾孙煜　点评：管建刚

一、背课文（18分钟）

师：这节课我们继续学习第23课，一起读课题！

生：23　月光曲。

师：自由读课文第9自然段，时间2分钟，能读多少遍就读多少遍！开始吧！

生自由朗读。

师：时间到！读完3遍的同学请举手！

生相继举手。

师：这么多同学读完3遍！老师忍不住要为你们竖起大拇指！接下来，请同学们自由背诵第9自然段，时间5分钟。背诵的过程中，老师会送出这枚可爱的印章！（PPT呈现"加油"的印章。）

师：背诵之前，老师教大家一个背诵方法，跟着老师学。一手拿着练习单，一手拿着语文书，练习单像这样放在语文书上，我们目光锁定练习一。好，老师要开始背书啦！"皮鞋匠_____听着"，这儿不会了，就到书中去找。哦，"静静地"像这样子背诵。开始吧！

任务一
皮鞋匠_____听着。他好像_____，月亮正从_____ ____的地方升起来。_____的海面上，_____洒满了银光。月亮_____，穿过_____微云。_____，海面上_____，_____。被月光_____的浪花，_____……皮鞋匠看看妹妹，月光_____，照着她_____。她仿佛_____，看到了_____ ____ _____的_____大海。

生自由背诵，师巡视并奖励。

【点评：背课文是学生的学习任务，应该在课上完成。课上背书有氛围、有监督、有激励，能更好地训练学生的背书速度和能力。】

师：嗯！声音真洪亮！这第一枚印章是你的啦！

师：已经能够流利地背诵出来了，老师要给你敲上这枚印章！

师：卡壳了，没关系，继续加油哦！

师：时间到！大家一起来背一下吧！合上书，抬起头！

生第一次齐背。师点出不流利的几个地方。

55

师：还有这么几处不太流利。再给大家 2 分钟时间，重点背不流利的地方。

生第二次自由背诵，师巡视并奖励。

师：时间到！现在，我们举行一场别开生面的男女 PK 赛！要求很简单，我们比速度。一会儿老师喊计时开始时，被指定的那一队快速进行背诵！

生惊呼，跃跃欲试。

师：那我们女士优先！女同学请准备！计时，开始！

女生第一次齐背。

师：42 秒，很不错的成绩！男同学，你们的压力可有点大了哦！男同学请准备！计时，开始！

男生第一次齐背。

师：四十——三秒！唉，好可惜！就差那么一秒钟！本次比赛，女同学胜！

女生欢呼，男生垂头丧气。（停顿 5 秒）

师：男同学，你们服不服？

男生：不服！不服！

师：好！那再给大家 2 分钟，2 分钟后再决胜负！

生再次自由背诵，师巡视并奖励。

师：时间到！这次，男同学先开始吧！请准备！计时，开始！

男生第二次齐背。

师：哇！36 秒！真是太厉害了！这次轮到女同学"压力山大"了！女同学，请准备！计时，开始！

女生第二次齐背。

师：三十——四秒！你们超越了自己！这轮仍然是女同学胜！愿赌服输，全体女同学请起立！在座的男同学们，请爆发出你们最热烈的掌声！

男生热烈鼓掌，女生满脸自豪。

师：停！请坐！我们二班的男生啊，真挺有绅士风度的呢！

生笑。

【点评：背课文只要有方法，也可以很开心、很投入。学生回家背会很枯燥、很乏味。习课堂，老师的主要功能是组织、管理、激励。这一环节非常好地体现了这一理念。】

二、背课文，学方法（10分钟）

师：同学们，如此动听的音乐，如此优美的文字，作者是如何把音乐变成文字的呢？我们来看看这两个词，请我们班的写字小能手杨依菡来板书。

小助手板书：好像、仿佛。

师：其他同学跟老师一起读。

◎他好像面对着大海，月亮正从水天相接的地方升起来。

◎她仿佛也看到了，看到了她从来没有看到过的景象——月光照耀下的波涛汹涌的大海。

师读一句，生读一句。

师：原来，作者是通过"好像""仿佛"这两个词来引出自己想到的画面的。

生若有所思。

师：五年级我们学过《二泉映月》，现在给大家3分钟时间复习背诵《二泉映月》片段，练习单上有，请读背练习二，其间老师也会继续送出这枚印章哦！

生自由背《二泉映月》片段，师巡视并奖励。

| 听着，听着，阿炳的心_____。他禁不住拿起二胡，他要通过琴声_____，倾吐给这_____。他的手指_____，_____、_____都变成了_____，从琴弦上_____。起初，琴声_____，有如_____，_____，缓缓流淌。这似乎是阿炳在_____，在_____，在_____。随着旋律的_____，_____，乐曲进入了高潮。它以_____的力量，表达出_____，抒发了_____。 |

57

【**点评**：背诵是语文学习的重要任务之一，也是重要的语文能力之一。背诵能力强，文科都不错。顾老师不只背这一篇，还复习了苏教版教材五年级的《二泉映月》，不仅训练了学生的背书能力，还为后面的写话提供了帮助。】

师：时间到！同学们能挑战这段文字了吗？

生：能！

生齐背。

师：嗯！不错！

师：这一段文字，作者又是如何把音乐变成文字的呢？请同学们一起来看这两个词。杨依菡，再次请你把这两个词板书到黑板上，谢谢！

小助手板书：有如、似乎。

师：其他同学跟着老师来读一读这两句话。

◎起初，琴声委婉连绵，有如山泉从幽谷中蜿蜒而来，缓缓流淌。

◎这似乎是阿炳在赞叹惠山二泉的优美景色，在怀念对他恩重如山的师父，在思索自己走过的人生道路。

师读一句，生读一句。

师：原来，这段文字的作者是通过"有如""似乎"这两个词，来引出自己想到的。

生若有所思。

师：请同学们目光锁定黑板，黑板上这四个词都有一个共同的名字，那就是——

生：比喻词！

师：对！比喻词！原来作者是通过一个个比喻词来引出自己想到的画面的！通过刚才的学习，我们找到了"音乐变文字"这本武功秘籍的第一个秘诀，那就是——

生：比喻词！（兴奋）

师：那同学们，作者通过比喻词引出自己想到的画面，他是随便想想的吗？

生：不是。

师：好多同学都在摇头了。接下来，老师带来了一个小游戏，让我们在游戏中寻找"音乐变文字"的另一个秘诀吧！

生跃跃欲试。

师：接龙背诵。游戏规则很简单：老师背前半句，被指定的同学接着背后半句。好，开始吧！"皮鞋匠静静地听着……"男同学，接！

男生：他好像面对着大海。微波……

师：哈哈，看来有几位男生迫不及待地想去称霸武林了呢！只要背后半句就可以了哦！

生笑。

师："微波粼粼的海面上"，女同学，接！

女生：霎时间洒满了银光。

师："她仿佛也看到了，看到了她从来没有看到过的景象"，一起来！

生：月光照耀下的波涛汹涌的大海。

师：同学们，回忆一下，你们背的三句话都和什么景物有关？

生：月光！

师：对啦！月光！作者并不是随便想想的，而是紧扣曲名中的"月光"二字。

生若有所思。

师：好！接龙继续！"他禁不住拿起二胡"，一二组接！

一二组：他要通过琴声把积淀已久的情怀，倾吐给这茫茫月夜。

师："他的手指在琴弦上不停地滑动着"，三四组接！

三四组：流水、月光都变成了一个个动人的音符，从琴弦上流泻出来。

师："起初，琴声委婉连绵"，一起来！

生：有如山泉从幽谷中蜿蜒而来，缓缓流淌。

师：这三句话又跟哪两种景物有关呢？

生：泉水、月光！

师：用两个字呢？

生：泉！月！

师：没错！作者也不是随便想想的，而是紧扣曲名中的"泉"和"月"两个字。

生若有所思。

师：不知不觉我们找到了"音乐变文字"的第二个秘诀，那就是——

生：看曲名！

【**点评**：学生在背诵中学"音乐转化为文字"的方法，而不是老师的讲解。这个环节，老师讲得依然很少，大部分时间学生在背。老师只在关键时刻"点"一下。点拨，花不了几分钟。就怕老师不知道点在哪里，四处讲啊讲。】

三、任务二（12分钟）

师：老师要考考你！老师带来了一首曲子——《春节序曲》。大家说，这跟什么有关？

生：春节！

师：不错！请杨依菡用红色粉笔板书"春节"两个字。

小助手板书：春节。

师：春节啊，我们会想到许多开心的事情，一个又一个大大的红包，一桌又一桌美味的佳肴。（手指前方）那个同学在暗暗流口水了！

生笑。

师：我们穿着新衣服，放着鞭炮，好不热闹！现在请同学们闭上眼睛，聆听《春节序曲》，你脑海里浮现出什么画面呢？

生听《春节序曲》。

师：好！慢慢地睁开眼睛吧！请同学们拿出练习单，找到练习三，写下刚才自己脑海里浮现的画面。要求：1.用上两个比喻词得30分；2.写多少字得多少分。比如这位同学写了70个字，那就得70分，那他的总分就是——

生：100分！

师：对！时间5分钟。一会儿老师会给满150分的同学送上屏幕上这枚神秘印章！

生写。背景音乐《春节序曲》。师巡视。

师：时间到！请放下手头的笔。给同学们30秒，快速算算自己的总分。

生算分。

师：满100分的请举手！

生陆续举手。

师：满120分的把手举高！

部分学生放下了手。

师：满150分的请起立！

三位学生站起身。

师：短短5分钟内，得到150分，真是太棒了！老师迫不及待地想给你们送出这枚神秘印章了！快快来到讲台上！

出示印章："全班你最帅。"

因为台上有女生，部分学生偷笑。

师：有同学在偷笑，老师告诉你哦，女生帅，那才是真的帅！

敲章合影。

师：掌声送回三位"最帅的同学"。

生鼓掌。

师：请每组最后一位同学收练习单，动作要快哦！

生收练习单。

师：这节课就上到这里。下课！

【点评："写话"是课后习题。两课时的《月光曲》，黄老师和顾老师完成了：读熟课文、背出段落、抄默写词语、完成课后习题、完成配套练习册上的习题，复习背诵《二泉映月》片段，积累了贝多芬的两句名言，多好啊。】

（顾孙煜，苏州市吴江经济技术开发区长安实验小学教师）

习课堂与精准扶"贫"

何 莹

Sun 的大名，整个年级都如雷贯耳。一到三年级他不在我班上。但我几乎每天都能在办公室见到他的身影——他不是来补作业，就是来订正作业。老师的办公室如同他家的书房。他对办公桌边上的那套桌椅的熟悉程度，一定远胜于他自家的那套。

四年级重新分班，他"落"到了我的手里。经过一周的接触，我痛苦无比。上课两分钟后，他的人在教室，心不知哪里去了。一谈到跟课文无关的内容，他的兴致就来了；要分析课文了，他那霜打的茄子都没人想摘。"小火车"开到他那里，总会脱轨。时间一分一秒过去了，最受伤的那个人不是他，而是我！我只能让他跟着我读几遍，然后让他赶紧坐下。我洋洋洒洒地讲了一节课，他吸收不到 10%。课堂作业，别的孩子都交上来了，他至多完成三分之一。家庭作业更别指望了，他爸妈的理念是：孩子嘛，最重要的当然是开心啦！第一单元测试，他的成绩惨不忍睹。班级的"人均 GDP"被他拖了严重的后腿。我很苦恼，因为我明白，在他身上我要花很多很多的时间；因为我知道，他是各科老师的"抢手货"，我能留给他的时间实在很有限、很有限。

习课堂，我不再像之前那样，一个人讲 30 分钟、35 分钟，而是让学生有事做，习课堂的第一课时，学生要完成以下学习任务：①10 分钟读熟课文；②10 分钟完成字词类作业、了解课文大意类作业、抄默写词语；③10 分钟朗读重点段落（跟后面要做的练习有关的段落）；④10 分钟完成跟上面朗读段落相关的课后习题、练习册习题。习课堂的第二课时：①10 分钟朗读课文，朗读重点段落；②15 分钟完成跟上面朗读段落相关的课后习题、练习册上的习题；③10 分钟补充课外阅读；④5 分钟复习默写词语。习课堂，整堂课都是学生要张开嘴巴、动起小手的"习"的干货。

以往课上，那些"贫下中农"没事干，提问他们不回答，别人读课文他也不听，讨论没他们的份，现在不一样了。而且，习课堂上，他们能享受到我特有的管家式服务——精准帮扶。自由读课文，我会走到"贫下中农"身边，仔细听，有针对性地指点。读熟课文，立刻抄默写。大家做习题，我会转到他们身边，在我如炬的目光下，他们想开小差也难。习课堂的另一个法宝叫"激励"，用管建刚老师的话，后进生要"无底线无原则"地夸。我的夸奖还比较生涩，但对 Sun 来说，简直是久旱逢甘霖，相当受用。Sun 的作业完成率和正确率有了肉眼可见的提高。他的基础作业几乎都在课上完成，课上"习"，不知不觉中训练了他的作业速度，回家也不像以前那样总有前两天的"余粮"。回家作业少了，他反倒乐意去读读课外书。地基不牢，地动山摇。"贫农"们的"基础"在课上打牢了，期末考试，Sun 也终于摆脱了低分。

现在的 Sun，不知算不算实现了他父母的"快乐学习"理念？

（何莹，苏州市吴江经济技术开发区长安实验小学教师）

开小差不是学生的错

刘元玉

阿斌，出了名的蜗牛级学生。他拥有超好的心态和超常的耐力，哪位老师想跟他耗时间，那对不起，一定是你先炸毛，他依然岿然不动。每次上课，都能发现阿斌的双手，又在桌兜里玩着什么鬼把戏，老师们也没招了，只得抱着随他去了的心态继续上课。老师们的作业"夺命连环 call"，在他那里顶多算"一缕轻风"，掀不起任何波澜。你一定会问，怎么不找家长？父母答："这孩子我们也管不了，老师你们多费心！"每个后进生的背后，真的都有一对后进家长啊！

得了，与其在家长身上浪费时间，还不如多在阿斌身上费点心思。上课，我经常站在阿斌身边，他一有小动作，我立马敲他的桌子，他也会坐端正，心仍然在神游。作业仍然老样子，课后别人都在做作业，他玩他的，迟迟交不上来。组长盯，班长催，他笑嘻嘻耍无赖，不做不交，溜回家，第二天作业本上还是一片空白。抓来办公室补，老师那么忙，不可能时时盯着他，阿斌也早就身经百战了，他知道只要打消耗战，胜利的一定是他。就这样，我们陷入了恶补作业的无限循环模式，我都快要崩溃了。

习课堂，教师少讲少问，学生多读多练，真正把课堂还给学生。任务单是习课堂的主菜。自从有了任务单，阿斌的变化可谓"一日千里"。那天，我走进教室，把上一节课的任务单发给学生，发到最后一张，我故意说了一句："猜猜，哪位同学的任务单得了优秀 5 颗星？"大家都不敢置信地看着阿斌，他那按捺不住的小眼睛也充满喜悦。我大声地报出他的名字，全班自发鼓起了掌。阿斌的任务单肯定不是写得最好的，甚至算不上工整。但是，那是他第一次主动按时交了一张填满了的作业，意义非凡啊！

阿斌就像被按下了快进键，速度极快，又一次完整做完了任务单。习课堂，要求背诵的都要在课上背出来，而不是拿回家去。阿斌非常喜欢，因为回家不用背书啊。习课堂，当堂背书、当堂默写、当堂做练习册，我经常组织男女 PK，小组 PK，让每位同学都在集体中找到存在感，原本那个事不关己、高高挂起的阿斌，渐渐被任务单上那些个"背书大王""作业大王"等奖励代替。那个曾经的"蜗牛"，如今，变成了"急速蜗牛赛车"，真令人刮目相看。

习课堂，非常注重老师的激励，激励是习课堂上老师最重要的事情。我随时表扬，花样翻新。下课前，我会给后进生留两个表扬名额，让他们也有竞争机会。那天，阿斌的任务单错了好几题，为了能得到作业展示的机会，他居然主动留下来，认真地按照老师的要求，双倍订正了任务单。当然，第二天阿斌的作业出现在了"优秀作业展示栏"上。

习课堂就像是催化剂，神奇地把阿斌的能量激发出来了！习课堂，让40分钟像打仗一样紧张，让阿斌也有事情干，他就不开小差了。开小差不是学生的错，而是你没有给他事情做。习课堂的这个观点，我是越来越认同了。

（刘元玉，苏州市吴江经济技术开发区长安实验小学教师）

惊喜习课堂

朱 静

小Z是一个聪明的后进生。聪明确实聪明，但聪明不放在学习上。课上，老师忙着讲课，他忙着折纸飞机；课后，同学忙着作业，他忙着乱窜。这娃精力旺盛，软硬不吃，李老师开玩笑说，想让小Z定下心来，唯一的办法就是让他上课前跑十圈。开学不久，小Z妈妈找我告状，回家作业没人看着，小Z是不做的，磨来磨去，有时能磨到凌晨；背课文更痛苦了，心定不下来，背一会儿就开小差。孩子累，家长陪着也累！小Z妈妈说，儿子没救了。惊喜总在意料外，上学期结束后，小Z妈妈又给我打了一个电话，激动地跟我聊了半个小时，描述儿子的神奇进步，回家作业大都在课上完成了，作业不再拖沓，特别是背书，不用父母督促，几个月前的迷茫和焦虑没了。

我曾在班级做过一轮投票。方案一：老师讲一节课，然后作业放在课后；方案二：老师讲10分钟，课上做30分钟。结果，90%的学生都选择了后者。小孩么，都想快点写完作业去玩耍，玩是孩子的天性。习课堂，学生有各种"读、背、写"的任务。小Z上课也没时间开小差了，精力都放在了读、背、写上了。不只小Z，大部分后进生上课都认真多了，因为一节课30分钟学生都有事情干，我呢，也有时间和精力去管理学生，鼓励学生，辅导学生了。

一次，小Z竟然主动来找我，问他那道题错在哪里。原来，上节课因为错了这一题，导致他没当上小老师——习课堂上，先完成任务并且全对的，可以当小老师。我笑着帮他解答，要知道，这是他三年来第一次主动来办公室问问题，平时只有留下来补作业才到办公室的。临出办公室，小Z红着脸跟我说下次一定做得更快更好，争取当上小老师，给其他同学批任务单。一星期后，他成功地当上了小老师，尝到了甜头，他比以前更认真了。

期末考试前，我找小Z等几个后进生，问他们是否有信心。跟以往不同，这次他们不再支支吾吾，而是很有信心地喊"有"！后来我才了解到，之前，他们回家做作业做得太晚了，睡得也太晚了，第二天没精神，根本听不进去，再说，课上反正老师讲，他们也无事可干，可以尽情神游。现在不一样了，课上忙着写作业背课文，每一分钟都有事情干。之前小Z极其讨厌背课文，背不出，妈妈就不让他睡觉，第二天常常顶着黑眼圈来上学。现在课上背，有了氛围，他居然毫不费力地啃下了这块硬骨头。期末考试，小Z给了我、也给了家长一个大惊喜。

习课堂，简单，有效，孩子喜欢，我也喜欢。

（朱静，苏州市吴江经济技术开发区长安实验小学教师）

看得见的改变

王　惠

还记得那次心有余悸的公开课。抽到了课题，急得我团团转，到底怎么上？教案哪里来？一个字，乱！两个字，慌乱！同事给了我一个教案，我不管三七二十一，背教案。第二天试上，教案还没背出来，又是看教案，又是想下一步；既要想着提问，还要想着学生的回答。三个字，乱死了！别以为这样的情形只在有人听课时才发生。平常的课，不少新老师跟我一样，走进教室了，脑袋里也不清不楚的，只要学生的回答一超出预设，往往就不知道怎么办了。

习课堂出现了，去别的学校上课，我居然独立完成了任务单、教学设计，也没有上次那样慌乱了。为什么呢？因为，现在的我知道自己要做什么了（组织、管理、激励、示范），我知道课上学生要做什么了（读、背、写），脑袋很清晰，手脚也就快了。出发去上课那天，我才发现我竟然忘记带教案了！我闭上眼睛，脑海中放电影似的，任务一、任务二、任务三、任务四跳了出来。就这样，完成了我第一次没有带教案的展示课。心里有底，上课就不慌。

习课堂后，每次走进教室，我都清楚知道自己要干什么，即使在毫无准备的情况下，我都能让学生读课文、背课文、抄写默写、完成习题。习课堂改变了我什么？让我吃了一颗定心丸，让我每天都能踏实走进教室。学生有没有改变？当然有。就拿背诵来说，背课文这样一件枯燥乏味的事情，没有学生会喜欢吧？做完作业捧着书背啊背，背得都困了还没背出来，这是我们以前班常有的情况。习课堂，背诵有趣起来了。一个计时器，一个PK赛，背书变成了一场激烈的竞赛，男女比赛，小组比赛，盖"学霸"章，学生的积极性和斗志都调动起来了。小季同学的注意力非常不集中，特别怕背课文。习课堂上，他的背书像打了兴奋剂，为了能给男生争光，为了不让小组输掉，自由背诵时间都扯开了嗓子，再也不开小差了。期末考试，以为他会挂红灯，没想到竟然考了个还不错的成绩。

以前，40分钟里老师又是讲又是问，学生没有背书没有抄写没有默写没有做练习册；习课堂，老师教得清楚明白了，也就轻松了，学生课后作业少了，也就快乐多了。

（王惠，苏州市吴江经济技术开发区长安实验小学教师）

6.《语文教学通讯》习课堂专题报道

语文老师的"福音",广大学生的"福利"

——苏州市吴江经济技术开发区长安实验小学"习课堂"改革访谈录

裴海安　管建刚

裴海安:管老师,听说贵校最近在做一个语文家常课的改革项目,叫"习课堂",请您介绍一下。

管建刚:习课堂的全称是"围绕'习'的整体教学改革",老师们亲切地称之为"习课堂"。为什么要围绕"习"来做整体教学改革呢?华东师范大学的一份调查报告说60%的学生在课堂上经常开小差。听了一节又一节的家常课后,我们不能不承认,学生在课堂上开小差的比例远在60%之上。为什么呢?因为我们的教学都是建立在学生"认真听讲"这个基础上的。

"认真听讲"连大人都很难做到。如何让学生在课堂上不开小差?习课堂找到了一条有效路径——把课堂时间还给学生,让学生在课堂上忙碌起来,忙到没有时间开小差。

裴海安:我了解到,习课堂认为"把课堂还给学生"的核心,就是"把课堂时间还给学生"。

管建刚:"把课堂还给学生",这话我们耳熟能详。究竟把课堂的什么还给学生?看课程表,它有两个要素,一个是课程名称(如"语文"),一个是课程时间(如9:35—10:15)。课堂的关键要素叫"时间","把课堂时间还给学生",才是真正的"把课堂还给学生"。那应该把多少时间

"还"给学生呢？课堂是学生的，我们做不到把 40 分钟都"还"给学生，习课堂提出了一个标准：把 70% 的课堂时间（即 28 分钟）还给学生。还给学生干什么？读、背、写。每一个学生都在不断地读、背、写，开小差大大减少了，学习氛围就完全不一样了。注意，习课堂所说的 70% 的时间还给学生，是还给"每一个学生"，而不是个别学生。习课堂认为，优秀是学生自己"练"出来的，而不是老师"教"出来的。习课堂要把时间还给每一个学生，让每一个学生都在不断地读、背、写，于是你会看到，习课堂没有指名读，要齐读、自由读。习课堂没有口头提问，所有的口头提问变成书面提问，写入任务单，所有学生都来回答。习课堂认为，课堂不是听讲的场所，而是学生训练的场所，是每一个学生训练的场所。

说到课堂时间，不能不说出一个令人尴尬的真相：宝贵的课堂时间几乎都是老师浪费的，而不是学生。因为时间掌握在老师手里。习课堂上，一节课至少用 5 次闹钟，表面来看，闹钟是管理学生的，背后来看，闹钟是管理老师的。所有实践习课堂的老师，都突然发觉每一分钟都很宝贵。

裴海安：习课堂都"习"哪些内容呢？

管建刚：习课堂"习"的都是刚需：①当堂读熟课文；②当堂背出课文（段落）；③当堂抄写、默写；④当堂完成课后习题；⑤当堂完成课文理解性习题。这些作业，习课堂称之为"刚需作业"。作业分两类，一类是学校负责的"刚需作业"，一类是家长自筹的"发展作业"。"刚需作业不出校门"是学校应该扛起也必须扛起的社会责任。

习课堂能确保"刚需作业不出校门"。习课堂的解决方式不是"延迟放学"，回家做作业，而是在课堂上解决"刚需作业"。书面作业很重要。考试能力很大程度上等于答题能力，答题能力很大程度上等于作业能力。写在作业本上的题目叫作业，写在考试卷上的题目叫考试。这也是为什么"减负"始终难以"减"下去的重要原因之一。作业是重要的，课堂是重要的，重要的事情要放在重要的地方完成，即重要的作业应该在重要的课堂上完成。实现了这一点，家庭作业能基本解决，教学质量还能明显提升。"学习金字塔"理论告诉我们，以听讲为主的教学，两周后的学习保存率只有可怜的 5%；"学了马上用""学了马上练习"的教学，两周后的保存率高达 90%。当堂抄写、当堂默写，学生能养成一边抄一边记的习惯，很多学生回家抄写，没有家长监督，往往抄归抄、默归默。不仅浪费时间，还会养成坏习惯。习课堂，每一节课都在"学了马上用"。

裴海安：前不久，《人民教育》上看到你们的《老师，你的作业有效了吗?》，文中阐述了习课堂有效作业的五个特点，的确很有启发。习课堂，把 70%的时间还给了学生，请问老师干什么呢？

管建刚：还有一句话大家也耳熟能详，"教师是主导，学生是主体"。这句话到底怎么理解，怎么分清楚"主导""主体"，这是决定课堂教学效益的根本。

教学目标是通过学生这个"主体"完成一个又一个的学习任务实现的! 教师这个"主导"，是课堂的管理者，课上要做两件重要的事：一是分配任务，让每一个学生都知道自己在这一节课上要完成的学习任务是什么。每一节习课堂都有一张任务单，上面的四个任务就是"任务分配"。习课堂研发了统编教材 1—12 册每一篇课文每一课时的任务单和配套课件。二是组织学生好好完成任务，管理学生好好完成任务，激励学生好好完成任务。有了任务单，习课堂上教师最重要的事情就是组织、管理、激励。每一个教学质量不佳的老师，几乎都出现了同一个问题：课堂乱糟糟，管不住学生。习课堂认为，课堂管理能力是教师最基本、最重要的能力。习课堂强调课堂管理口号的使用，强调课堂管理手势的使用，强调课堂管理印章的使用。习课堂要求老师一堂课要走 500 步，提出"脚步就是管理"，要求老师尽量不看课件，尽量不看语文书（如果需要看，可以看学生的），绝不能看教案，老师的眼睛要看学生，习课堂提出"眼睛就是管理"。习课堂有六字诀："管住嘴，迈开腿。"

实践习课堂的老师都说课堂上很忙，因为 70%的学生要得到老师的印章，70%的学生要跟老师有亲密距离，80%的学生要当堂完成任务单，一堂课至少喊 30 句课堂管理口号，至少有 10 句表扬到具体的人以及行为。

裴海安：大家有一个误解，以为习课堂就是让学生做练习。现场听了习课堂，我发现习课堂读得很充分，背得很充分。读、背、写是有机结合的。但还是有一个疑惑：习课堂如何实现人文关怀？

管建刚：习课堂，要的是朴朴素素、实实在在的关怀。习课堂训练孩子的作业速度，这就是对学生最朴素最踏实的人文关怀。我们老师具有专业的教育教学知识和专业的教育教学方法，应该训练好每一个学生的作业速度。作业速度，往小了说，就是学生校园生活的幸福指数；往中了说，就是学生回家生活的幸福指数；往大了说，作业速度几乎烙上了孩子一辈子的幸福底色。教书快20年的章老师告诉我，用了一个学期的习课堂，期末考试时学生答题速度比以往教过的任何一届学生都要快很多。以往一年级的孩子，期末考试你读了题目，他还不知道题目是什么意思。现在，你还没读题，他们都知道怎么做了。为什么？因为每一节习课堂都有两次在课堂上、在老师眼皮底下、在闹钟限时下的作业训练！"作业速度快了"是习课堂的重要训练目标。

习课堂训练孩子高效使用零碎时间的能力，这就是对学生最朴素最踏实的人文关怀。习课堂的任务二、任务四是限时作业。先完成的同学，可以背诵后面的"奖励题"。表面看，我们是让学生多背诵多积累，背后看，我们的目的是教会学生高效使用零碎时间。单元考试，奖励题作为附加分，每次3分。完成作业速度快的同学，用了任务二、任务四多出的两三分钟，实现了考试多出了3分，他们就感受到了零碎时间的好处。

习课堂强调课堂激励，这就是对学生最朴素最踏实的人文关怀。以往，课堂激励是老师的"副业"，想得到就夸几句，想不到就不夸。现在，课堂激励是老师的"主业"，学生自由读课文5分钟，老师就去激励；任务二、任务四学生作业15分钟，老师就去激励。习课堂上，70%的学生都要得到印章，70%的学生都会得到老师拍拍肩膀、摸摸头的亲昵动作。"亲昵"的"亲"就是"亲其师"的"亲"。"亲其师、信其道"。"信"你的前提是学生"亲"你。学生不"亲"你，你讲再多的道理都没用，因为不"信"你。在多数的一线课堂，很少看到老师微笑，很少听到老师的夸奖和激励。学生跟我们一样,他们需要看得见、摸得着的人文关怀,习课堂就是要做这些事。

(裴海安,语文报社副社长,编审;本组文章均由《语文教学通讯》2021年6月报道)

统编版三年级下册《漏》课堂实录(第一课时)

执教:秦海燕　点评:管建刚

任务一, 15 分钟

师:读课题。

生:27　漏。

师:自由读课文,要求——

生(接读):注音字词反复读,不会读的问老师。

师:语文书第 105 页。书本捧起——

生:稍倾斜。

师:时间不停——

生:朗读不停。

师:倒计时 5 分钟开始。

(学生自由朗读课文,老师巡视表扬朗读声音响亮、坐姿端正的同学,盖表扬章;朗读困难,声音很小的同学加以指导,盖表扬章激励。)

倒计时铃声响。

师：书本合拢——

生：左上角。

师：小眼睛——

生：看黑板。

师：读词语，自由读20秒。

生自由朗读，师就近听两位同学读。

师：齐读词语。

生齐读词语。

师：跟老师读。粘胶（zhān jiāo）、倒（dào）栽（zāi）葱。

生读词语。

师：自由读句子。

生自由读。

师：齐读句子。

生齐读。

师示范读：老虎嘴馋，一心想着/吃这头小胖驴；贼手痒，一心想着/偷这头小胖驴。（注意单斜线停顿，重音吃和偷）

生学着老师的样子朗读。

师示范读：累得老虎/筋都快断了，颠得贼/骨头架都快散了。（单斜线注意停顿，突出筋都快断了，骨头架都快散了）

生学着老师的样子朗读。

【点评：习课堂认为，示范是最直接、最形象、最经济、最有效的"教"。语文老师应该是朗读示范者、写字示范者、写作示范者。】

师：再自由读课文，要求——

生：多字、漏字、错字、疙瘩的地方，反复读。

师：语文书第105页。书本捧起——

生：稍倾斜。

师：时间不停——

生：朗读不停。

师：倒计时4分钟开始。

（学生自由朗读课文，老师巡视表扬读得认真、声情并茂、读了一遍又一遍的同学，在书本上盖表扬章。）

倒计时铃声响。

师：书本合拢——

生：左上角。

师：小眼睛——

生：看黑板。

任务二，8分钟

师：伸出小手，跟老师写"架""贼"。

师："架"，上边收，下边放。"贼"左边收，斜钩放。

师：任务单——

生：快打开。

师：完成任务二，倒计时5分钟开始！

一、抄写词语，我细心。

架：上边收，下边放　　贼：左边收，斜钩放

漏雨	喂养	胖驴	盗贼
____	____	____	____
狼狗	莫非	厉害	拥抱
____	____	____	____
散架	粘胶	甘心	偏偏
____	____	____	____

二、选择读音，我秒杀。

黑脊（jǐ　jī）背　　　　　旋（xuàn　xuán）风

顺势一纵（zhòng　zòng）　倒（dǎo　dào）栽葱

75

生认真作业，师巡视敲章，表扬书写端正、做得又快又好、及时背诵奖励题的同学；指出学生的错别字，学生及时改正。

倒计时闹铃响。

师：时间到！任务单翻到后面，听写词语。

【点评：当堂抄写、当堂听写，学生才会"逼"出一边抄一边记的好习惯。】

任务三， 12分钟

师：打开语文书第105页，自由朗读第2—9自然段。书本捧起——

生：稍倾斜。

师：时间不停——

生：朗读不停。

师：故事发生在老婆婆家，计时2分钟开始吧！

生自由朗读课文，师巡视表扬朗读声音响亮、读了几遍的同学，盖表扬章；朗读困难，声音小的同学给予鼓励。

倒计时铃声响。

师：书本合拢——

生：左上角。

师：小眼睛——

生：看黑板。

【点评：习课堂认为，"主导者"就是"管理者"，"管理者"就是"主导者"。课堂组织、课堂管理、课堂激励，是习课堂的重要内容。】

师：齐读第10—11自然段：老虎驮着贼，贼骑着老虎……

生看屏幕读。

师：跟老师读。"'漏'真厉害，像胶一样，粘住我了。到树跟前，得把它蹭下来，好逃命。""'漏'真厉害，旋风一样，停都不停，一定是驮到家再吃我。到树跟前，得想法蹿上去，好逃命。"（注意粘 zhān 和蹿 cuān 的读音）

生再读这两句话。

师：打开语文书第 106 页，自由朗读第 12—17 自然段。书本捧起——

生：稍倾斜。

师：时间不停——

生：朗读不停。

师：歪脖树下，老虎和贼各自逃命又相遇，计时 2 分钟开始！

生自由朗读课文，师巡视表扬朗读声音响亮、读了几遍的同学，盖表扬章；朗读困难，声音小的同学给予鼓励。

倒计时铃声响。

师：时间到。

师：书本合拢——

生：左上角。

师：小眼睛——

生：看黑板。

师：跟老师合作读第 18 自然段，老师读红色字体，你们读黑色字体。

师：老虎和贼一齐滚下了山坡。

生：浑身沾满泥水……

师：跟老师读："'漏'哇——'然后都吓昏了过去"。（哇后面破折号声音延长，这里昏的读音 hūn）

师：继续合作读第 19—20 自然段，老公公和老婆婆又再说"漏"。

生：天快亮了……

师：跟老师读："老公公和老婆婆从炕头上坐了起来。"（注意这里读炕 kàng 头）

师：齐读第 5 和第 20 自然段。

生：老婆婆说……

师：读讲义。

生：原来老婆婆说的"漏"，是屋子漏雨的"漏"。

师：再读。

生：原来老婆婆说的"漏"，是屋子漏雨的"漏"。

师：读课后练习三。

师：故事发生在老婆婆的家里。

生：老公公和老婆婆说"漏"，吓跑了虎和贼。

师：故事到了逃跑路上。

生：虎驮着贼，贼骑着虎。

师：故事到了树下。

生：虎甩掉贼，贼蹿上树。虎和贼树下相遇，滚下山坡。

师：故事到了山坡下。

生：虎和贼以为对方就是"漏"，都吓昏了过去。

师：故事回到了老婆婆的家里。

生：老公公和老婆婆再说"漏"。

任务四，5分钟

师：任务单——

生：快打开。

师：朗读认真——

生：答题不难。

师：完成任务二，倒计时5分钟开始！老师来盖章。

一、课文填空，我最棒。

"漏"本来是指_____。可是，_____和_____想偷_____，做贼心虚，误以为"漏"是_____，最后滚下山坡、吓昏过去。故事讽刺了老虎和贼的愚蠢与贪婪，告诉人们，做贼心虚，干坏事没有好下场的道理。

二、排列顺序，我细心。

（ ）虎向前跑，贼上树。虎和贼树下相遇，滚下山坡。
（ ）虎驮着贼，贼骑着虎。
（ ）公公和老婆婆说"漏"，吓跑了虎和贼。
（ ）老公公和老婆婆再说"漏"。
（ ）贼和虎以为对方就是"漏"，都吓昏了过去。

生认真作业，师巡视敲章，表扬书写端正、正确率高的、背奖励题的同学。

【点评：读正确课文、读熟课文、抄写默写、把握课文，这些"刚需作业"都在课上完成，都在老师的眼皮底下有效完成。】

倒计时闹铃响。

师：一起读奖励题。

生读。

师：会背的向后转。

部分学生背。

师：任务二和任务四全部完成的，请举起你的练习纸。

生举起练习纸，挥舞，老师拍10秒小视频。

师：下课！

（秦海燕，苏州市吴江经济技术开发区长安实验小学教师）

统编版三年级下册《漏》课堂实录（第二课时）

执教：沈欢欢　点评：管建刚

任务一， 14分钟

一、读课文

师：读课题。

生：27　漏。

师：自由读课文，要求——

生：不多字、不漏字、不错字、不疙瘩；段落停顿较均匀。

师：书捧起——

生：稍倾斜。

师：第 105 页。时间不停——

生：朗读不停。

师：时、间、不、停——

生：朗、读、不、停。

【点评：课堂管理口号是习课堂的标配之一。习课堂认为，管理是课堂效益的重要保证。】

师：4 分钟准备！倒计时开始！

师巡视，走近学生倾听，表扬符合要求、读得专心、坐姿端正的学生，并盖表扬章。

倒计时铃声响起。

师：时间到——

生：轻轻放。

二、读第 1—9 自然段

师：自由读第 1—9 自然段，书捧起——

生：稍倾斜。

师：时间、不停——

生：朗读、不停。

师：（轻声地）时间不停——

生：（轻声地）朗读不停。

口号声调配合默契，师点赞，环视四周每个人都已捧起书做好读书准备。

师：3 分钟准备！倒计时开始！

教师巡视，走近学生倾听其读书，表扬读得专心、坐姿端正、读了一遍又一遍的学生，并盖表扬章。

倒计时铃声响起。

师：时、间、到——

生：轻、轻、放。

师：合作读。你们读第4自然段，我读第5自然段。书、捧、起——

生：稍、倾、斜。

师生合作朗读。

师：书放下。读老虎心里想的话。

生：翻山越岭我什么都见过，就是没见过"漏"，莫非"漏"比我还厉害？

生读得不好，师示范读，生跟读两遍。

师：读贼心里想的话。

生：走南闯北我什么都听说过，就是没听说过"漏"，莫非"漏"比我还厉害？

师：男生读老虎心里想的话，女生读贼心里想的话。

生读句子。

师：表扬女生读得更齐，交换！

生齐读句子。

师：扑通！贼从窟窿里跌下来，老虎想——

生：坏事，"漏"捉我来了！

师：男生读画线部分。

男生："漏"捉我来了！

师：女生读画线部分。

女生："漏"捉我来了！

师：贼想——

生：坏事，"漏"等着吃我哩！

师：女生读画线部分。

女生："漏"等着吃我哩！

师：男生读画线部分。

81

男生:"漏"等着吃我哩!

师:两句连起来读。

三、读第10—12自然段

师:自由读第10—12自然段,书捧起——

生:稍倾斜。

师:(轻声地)时间不停——

生:(轻声地)朗读不停。

师:(点赞,大声地)时间不停——

生:(大声地)朗读不停。

环视四周,确定每个人都已捧起书做好读书准备。

师:2分钟!倒计时开始!

倒计时铃声响起。

师:时、间、到——

生:轻、轻、放。

师:老虎心里想——

生:"漏"真厉害,像胶一样,粘住我了。到树跟前,得把它蹭下来,好逃命。

师:"粘(zhān)住我了",读两遍。

生跟读两遍。

师:画圈字读两遍。

生读"胶"。

师:画线部分读两遍。

生读"像胶一样,粘住我了"。

师:齐读讲义。

生:老虎干了坏事,做贼心虚。

师:加点词读两遍。

生读。

师:读贼心里想的话。

生："漏"真厉害，旋风一样，停都不停，一定是驮到家再吃我。到树跟前，得想法蹿上去，好逃命。

师范读："得想法蹿上去。"

生跟读两遍。

师：画圈词读两遍。

生读"旋风"。

师：画线部分读两遍。

生读"旋风一样，停都不停"。

师：齐读讲义。

生：贼干了坏事，做贼心虚。

师：加点词读两遍。

师：到了树跟前，老虎把身子一歪，贼顺势一纵，蹿到树上。老虎想——

生：终于甩掉"漏"了！

师：（又激动又兴奋）终于甩掉"漏"了！

生跟读。

师：（点赞）学得像！贼又想——

生：终于甩掉"漏"了！

【点评："把课堂还给学生"就是把时间还给学生读、写、背。这里是还给每一位学生"读"。注意，是"每一位学生"都在读。】

任务二，6分钟

师：任务单——

生：拿出来。

师：读书认真——

生：答题不难！

师：（大声地）读书（轻声地）认真——

83

生：（大声地）答题（轻声地）不难！

确定每个人都已提起笔，做好写字准备。

师：5分钟完成任务二，倒计时开始！

一、阅读选段，我专心。

老婆婆说："唉！管他狼哩，管他虎哩，我什么都不怕，就怕漏！"

老虎趴在驴圈里想："翻山越岭我什么都见过，就是没见过'漏'，莫非'漏'比我还厉害？"

贼蹲在屋顶上想："走南闯北我什么都听说过，就是没听说过'漏'，莫非'漏'比我还厉害？"

老虎吓得浑身发抖，贼听得腿脚发软。贼心里害怕，脚下一滑，扑通从屋顶的窟窿里跌下来，正巧摔到虎背上。老虎未料到房上会有东西掉下来，心想："坏事，'漏'捉我来了！"撒腿就往外跑。

1. 听了老婆婆的话，老虎和贼分别是怎样想的？用"——"画出老虎的想法，用"～～～"画出贼的想法。

2. 老虎和贼分别有怎样的表现？

老虎_____　　贼_____

二、课文填空，我最棒。

"漏"真厉害，像_____一样，粘住我了。

"漏"真厉害，_____一样，停都不停。

这两个句子都用了_____的修辞手法，生动形象地写出了贼和虎_____的心理。

生认真作业，老师巡视，表扬字写得好、及时改正错误、作业做得准确、作业做得快、提前完成作业后背奖励题的同学。

【点评："把课堂还给学生"就是把时间还给学生读、写、背。这里是还给每一位学生"写"。注意，是"每一位学生"都在写。】

倒计时铃声响起。

师：时、间、到——

生：全、放、好。

任务三， 8 分钟

一、读第 13—18 自然段

师：自由读第 13—18 自然段。书捧起——

生：稍倾斜。

师：（轻声地）时间不停——

生：（轻声地）朗读不停。

师：（点赞，大声地）时间不停——

生：（大声地）朗读不停。

确定每个人都已捧起书做好读书准备。

师：2 分钟准备！倒计时开始！

倒计时铃声响起。

师：时、间、到——

生：轻、轻、放。

师：合作读第 16、17 自然段，男生读画线部分，女生读没有画线部分。

男女生合作读。

师：齐读第 18 自然段。

师：读关键词。

生读"做贼心虚"2 遍。

二、自由读第 19—20 自然段

师：自由读第 19—20 自然段，要求——

生：读完后，联系第 5 自然段想一想。

师：书捧起——

生：稍倾斜。

师：（轻声地）时间不停——

生：（轻声地）朗读不停。

确定每个人都已捧起书做好读书准备。

师：2分钟准备！倒计时开始！

倒计时铃声响起。

师：时、间、到——

生：轻、轻、放。

任务四， 12分钟

师：任务单——

生：拿出来！

师：（大声地）读书（轻声地）认真——

生：（大声地）答题（轻声地）不难！

确定每个人都已提起笔，看老师。

师：先完成任务四第一大题，6分钟，倒计时开始！

一、理解选段，我专心。

老虎走着走着，走到了歪脖老树跟前。贼又冷又饿，正在下树，看见走来一个黑乎乎的东西，心想："'漏'又来了，这下我可活不成了！"他赶忙往树梢上（　　），总嫌离地太近，紧爬慢爬，咔嚓一声，树枝断了，一个倒栽葱（　　）了下来，顺着山坡往下（　　）。

老虎正走着，见天上掉下个黑乎乎的东西，响声又这么大，心想："'漏'又来了，这下我可活不成了！"赶紧逃（　　）。下过雨的山坡又湿又滑，老虎腿一软，顺着山坡往下滚。

老虎和贼一齐滚下了山坡，浑身沾满泥水，（　　）在了一块儿。他俩对看了一眼，同时惊恐地大喊："'漏'哇——"然后都吓昏了过去。

把"滚、跑、撞、爬、摔"这些表示动作的字填到文中括号里。

贼心想：_____，他赶忙_____；老虎心想：_____，他赶紧_____。

看到老虎和贼狼狈的样子，你想对他们说些什么？
_____
_____

二、拓展阅读，我最行。

陈述古是建州蒲城县的一个官员，当时有家富户被盗，捉住了几个人，但不知道谁是真正的小偷。

陈述古就骗他们说："某寺里有一口钟非常灵验，它能把真正的小偷辨认出来。"于是，就打发人去把这口钟迎到县府衙门来祭祀它，把囚犯们引到钟的前面，当面亲自告诉他们："不是小偷的摸这钟就没有声音，是小偷的一摸它就会发出声音。"陈述古亲自率领同事们向钟祷告，态度很严肃，祭祀完了，用帷幕把钟围起。然后暗暗派人用墨汁涂钟。

过了许久之后，带领囚犯一个个地把手伸进那帷幕里去摸钟，摸完之后检验他们的手，每个人手上都有墨水，只有一个囚犯手上没有。审讯他，这人就承认了犯罪事实，原来是因为他怕钟发出声音，所以不敢去摸。

学习好帮手：不读熟不答题。

◎你能用一个成语来概括文中的盗贼吗？（　　　）

【点评：课后习题、配套练习册上的习题，这是"刚需作业"。习课堂认为，"刚需作业"要在课上完成。】

生认真作业，老师巡视，表扬字写得好、及时改正错误、作业做得准确、作业做得快、提前完成作业后背奖励题的同学。

倒计时铃声响起。

师：书捧起——

生：稍倾斜！

师：自由读第二大题的短文。时间不停——

生：朗读不停。

环视四周，确定每个人都已捧起书做好读书准备。

师：3分钟准备！倒计时开始！

倒计时铃声响。

师：时、间、到——

生：轻、轻、放。

师：1分钟，开始答题！

倒计时铃声响。

师：时、间、到——

生：轻、轻、放。

师：任务单都完成的举手。

大部分学生举手，师点赞。

师：齐读奖励题。

师：会背的同学起立，背两遍。

生背，背第二遍时"张浩宇"加入。

师：特别表扬"张浩宇"，勇于挑战！

【点评：任务二、任务四完成后，马上背诵奖励题。奖励题不只是积累，更是让学生学会使用零碎时间。】

（沈欢欢，苏州市吴江经济技术开发区长安实验小学教师）

习课堂：管住嘴、迈开腿

李晓敏

没想到，我这个工作了20多年的老教师，初用习课堂就遭遇滑铁卢，完不成教学任务成了常态！要知道习课堂初级评价标准就是当堂完成四个任务。回看视频，终于发现了问题：自己根本管不住嘴。关键的地方提醒一下，重点的地方强调一下，错误的地方纠正一下，朗读的时候引导一下，又一下……时间就悄没声地从我这一下一下中溜走了。管建刚老师一直强调，习课堂，老师首先要管住嘴，抑制讲的欲望。那就改吧。唉，谁了解做老师的悲哀——讲，难，不讲，更难。让一个讲了半辈子课的老师，课堂上不讲，不问，不敲黑板，就像捂住相声演员的嘴，绑住舞蹈演员的腿，要多别扭有多别扭。

幸好，这种别扭很快被全班按时完成任务单的喜悦冲散了。原以为不强调，学生会忽略重难点，不懂重难点，习课堂却实实在在地告诉我，不！任务一的"读"为任务二的"写"服务，任务三的"读"为任务四的"写"服务。任务一和任务三读好、读熟、记牢，顺利完成任务二和任务四不难。原来老师"管住嘴"才是高效的保障，才是学生养成自主学习的保障。习课堂，不只要"管住嘴"，还要"迈开腿"。从来没有哪一个课堂像习课堂，老师要在教室里健步如飞。不停地左看右看，前顾后盼，关注一下个体，再兼顾一下全体。第一次在课上迈开腿，我就发现了孩子们的"庐山真面目"：小小的课本下面另有乾坤。有悄悄溜号的，有偷懒玩闹的，有目光呆滞的，还有左右放哨的……枉我从教20多年，居然对这些"视而不见"。不，是我从来就没"视"过。听到琅琅的读书声，就自我安慰全班都在认真读；看到没乱动的，就默认都在用心听。

习课堂要求每节课70%的学生得到印章激励，70%的学生跟老师有亲密接触，老师的脚步要走遍课堂的角角落落，于是，我换上平底鞋。看似简单的走路，也有不少学问。最初，我只是在教室随意地走，章也是随走随盖，优等生盖得多，后进生盖得少。后来才发现，后进生才需要给予更多关注。迈开腿不能一直走，要停停走走、走走停停，停的时候看个体，走的时候看全体。一次次"迈开腿"，课堂秩序井然了，学生投入专注了，老师可亲了，成绩越来越好了。我真的明白管建刚老师说的"脚步就是管理"。

"管住嘴、迈开腿"，你做到了吗？

（李晓敏，吉林省公主岭市实验小学教师）

习课堂，简单背后不简单

张登慧

全国都在如火如荼研究"语文要素""单元整合"，习课堂却像个下里巴人。外出学习了那么多先进的理念不用，去做"下里巴人"的习课堂？不行，我得比一比。

一个单元，我采用常规的大众模式教学，认真研读教参，研读专家们主编的教学设计，认真修改PPT才走进课堂。一个单元，我采用"习课堂"模式，用现成的PPT，研读教师版和学生版家常课任务单，熟悉任务一和任务三的读。两种教法，出现了截然不同的画风。

前一种模式，我讲得卖力，学生学得"轻松"，听听就行，读读就可以，还可以"发发呆"、看看手指、玩玩橡皮、"坐坐飞机"，看着他们木然的眼神，我的热情跑到九霄云外。后一种习课堂模式，学生争分夺秒地读书、伸出手指示意读完几遍。我穿梭于学生之间，盖印章、小声鼓励、点个赞，提醒坐姿，他们读得热火朝天，我忙得热火朝天。做任务二和任务四，或静悄悄地奋笔疾书，或边答题边举手提问，我或轻声表扬，或停步指导，学生练得投入，我看得细致。

学生的状态就是最好的证明！

习课堂为什么可以做到这么有效，它的背后是什么呢？

1. 习课堂逼着老师"放弃经验"。一边对习课堂蠢蠢欲动，一边对从前恋恋不舍，丢不开之前的讲解提问，担心老师不讲学生不会，在新旧教学行为之间摇摆，旧的方式丢了，新的方式又没学会。我就曾经在这样的状态里迷茫挣扎。

2. 习课堂逼着老师退到"幕后"。习课堂的教学流程极简，不需要背"教学设计"，赶"教学流程"，想"好听却没多大用的过渡语"。老师的时间花在关注学生身上。习课堂真正让我读懂了"学生站在课堂的正中央"，每一个学生都被老师"看见"。习课堂，不是老师的"走秀场"，而是学生的"训练场"。

3. 习课堂逼着老师"把时间还给学生"。习课堂上，老师的话主要用来管理课堂，而不是"讲"和"问"。习课堂以"任务单"驱动学生学习，以课堂管理激励学生主动学习。一堂课70%以上的时间学生都在"读""背""写"，连后进生也能当堂背诵课文，习课堂真正做到了"精讲多练"。

4. 习课堂逼着老师"面向全体"。常规的课堂，指名读，往往一两个学生起立；指名答，往往两三个学生起立。有人读了，有了答了，其他同学都算"过关"，典型的"吃大锅饭"。习课堂上，"任务单"是每个学生承包的责任田，重要问题都在"任务单"里，每一个学生都要回答。习课堂的"读"，自由读、齐读，男生读了马上女生读，习课堂的"读"面向每一个学生。

习课堂，完全不一样的课堂。不试，你永远不知道！

（张登慧，重庆市万州区电报路小学中恒校区教师）

我在新疆阿拉山口遇见"习课堂"

孙静燕

十多年前,他在台上,我在台下,在湖北的武汉,我有幸认识了一位来自江南水乡年轻的教作文的语文老师;十多年后,他在江苏苏州,我在新疆北疆阿拉山口市学校,和他的习课堂不期而遇,他的名字叫管建刚。

2019年9月,我千里迢迢来到祖国大西北的阿拉山口学校,重新拿起粉笔走上讲台,面对着维吾尔族、哈萨克族、蒙古族、汉族等学生充满渴望的眼神,我暗下决心,用心上好每一节语文课,为新疆的教育事业贡献自己的绵薄力量,这一年,我六十三岁。是巧合,更是机缘,正当我们为学校的高年级语文教学效果不好、成绩不佳而困惑不解的时候,我们竟然奇迹般地在新疆、在天山脚下、在格桑花盛开的阿拉山口再次"遇见"了管建刚老师,知道了他的习课堂。

初识习课堂,让我一夜未眠,思绪万千。那是2019年的冬天,这一年阿拉山口的冬天来得特别早,也特别冷,临近期末,只剩六年级上册最后一课《有的人》的教学任务还没有完成。这一夜,窗外是阿拉山口常见的八九级的大风在咆哮着,我在学校的教师周转楼宿舍里,一遍又一遍阅读着管建刚老师关于习课堂教改资料,一次又一次为管建刚老师一针见血的分析所触动:多年来我们的中小学语文教学效率不高,是一个不争的事实,原因虽然很多,但语文教学不得法,是普遍存在的问题。一节语文课四十分钟,教师讲得多,问得多,分析得头头是道;而与此形成鲜明对照的是:学生读得少,写得少,背诵得少;一节课下来,不少学生甚至连一遍课文都没有读。怎么解决这个难题呢？管建刚老师谈到的问题，我在阿拉山口学校也感同身受：为什么辛辛苦苦教了几个月，班上还有那么多后进生？简单到一篇普普通通的课文，为什么班上有那么多学生读不通顺，更别说好好背诵了？为什么课堂上总是乱哄哄的，总有不少学生在开小差，一个学生回答问题，其他学生一起当"旁观者"？为什么老师每天布置了不少作业，学生回家也写得昏天黑地，而他们的语文成绩却依然差强人意？管老师的话让我豁然开朗："学了不等于会了，学了到会了之间有一座重要的桥梁，叫'练了、习了'，学生在课堂上读了、写了、背诵了，当堂'习'了，才有真成效。"

我的心一下子亮起来了。阿拉山口已是深夜了，此时阿拉山口的大风刮得更猛烈了，我的内心深处却是温暖的。

第二天，请年轻教师帮忙制作课件，找家长帮忙打印习课堂任务单，按照习课堂的理念，把70%的课堂时间真正还给学生，用任务单来教最后一课《有的人》。每个学生在课堂上都读起来、背起来、写起来，而我主要是组织、管理、激励、示范，整个教学过程我的感觉是教师轻松自如，学生忙碌充实，那感觉怎一个"爽"字了得！课后又与学生了解了一下对这种教学方式的感觉，学生都说好，轻松简单，一直忙着，一节课不知不觉过去了。

2020年，新疆3月中旬才开学，我全面采用习课堂开展语文教学。一个学期下来，我教得轻松自如，孩子们学得愉快充实。班上优秀的学生更加优秀，后进生的成绩也普遍提高。放假前一个月，我把习课堂推荐给了我在阿拉山口学校的教学团队。听我上了语文习课堂，他们都觉得非常符合新疆阿拉山口学校的实际情况，特别适合阿拉山口学校学生，由此，习课堂就在我们阿拉山口学校的小学高年级推广开来了。

效果在一天天显现，从事习课堂语文教学改革的老师上课越来越自信了，孩子们的语文成绩也在不断提高，变化最大的是少数民族的孩子，他们的语文作业已经能够按时完成了，他们语文成绩的提高让老师们惊喜不已，激动万分！

习课堂，让我在阿拉山口学校的支教工作有满满的获得感、幸福感、成就感！

我庆幸，在新疆阿拉山口学校遇见了习课堂！

（孙静燕，新疆维吾尔自治区博尔塔拉蒙古自治州阿拉山口市中学教师）

习课堂，让神话不再神话

杨 虹

一提起三（3）班，科任老师直皱眉头。这个班男生多，小学男生调皮蛋多。班主任小吴老师刚参加工作就带这个班。入学时，没注意课堂常规的养成，等意识到课堂常规的重要性，坏习惯已成事实。这两年，吴老师煞费苦心，但收效甚微。去年6月，吴老师开始实践习课堂，每节课组织学生读啊，练啊，学生忙碌起来，没时间开小差，没时间东张西望，更没时间打闹。不到一个月，三（3）班的课堂常规有很大改变：坐姿端正，书本放整齐，老师发出指令回应迅速……提起这个班老师们不再摇头。7月，全县教研活动，吴老师和三（3）班上习课堂研讨课，听课老师们纷纷为学生的学习状态点赞。期末考试，一直倒数的三（3）班跃居全镇前列。班级改变了！

学校严重缺编。没办法，只能让音乐老师去顶岗语文。音乐老师愁啊，上学时学不好语文，平生最怕阅读和作文。自然，语文课上得一点儿也不语文。教语文的音乐老师没什么别的想法，那倒也简单，不折不扣执行习课堂的"读＋习"。不出两周，音乐老师偷偷告诉我，语文课这样上，我不怕。因为对自己的语文素养和语文能力没有自信，语文课上的音乐老师自然不敢多讲，更多时间组织学生"读"，组织学生"习"；管理学生"读"，管理学生"习"；激励学生"读"，激励学生"习"。别说，这样教语文，学生喜欢得不得了。"下课铃响，很多学生老嘀咕，怎么就下课了。"期末考试，很多人惊得下巴都要掉了——音乐老师所带班级的语文考试成绩全镇第一，且和第二名拉开很大距离。老师改变了！

我们学校地处嵩明职教园区，建校不到五年，80%以上的学生是职教园区打工人员子女。经费不足，人员不足。在校生661人，在编在岗教师24人，还有两位休产假。聘了十多位代课教师，他们没有教学经验。怎么办？我们遇到了习课堂。习课堂上手快，易学好用，抱着试一试的心态，2020年9月，所有语文老师使用习课堂教学。期末全县统测，全校五个年级有三个年级全县第一，两个年级全县第二。看着电脑上的数据统计表，我有点不敢相信，县城某小学，已经连续19年全县第一。我们这样一所外来务工人员子女居多的农村小学，打破他们保持了19年的神话，这好像更像神话。学校改变了！

习课堂，不怕新教师多，不怕顶岗教师多，不怕外来务工人员子女多。习课堂，学生作业在课堂完成，学生的童年有了留白，他们有时间课外阅读，有时间亲近自然，有时间锻炼身体，他们好像有了幸福的童年。

（杨虹，云南省昆明师专附属小学嵩明分校教师）

习课堂：我的支教利器

岳桂婵

2019年2月，雪花肆虐，伴着寒冷的银光我踏上了河北省承德市隆化县支教的征程。我一边在学校任教，一边受聘于隆化县教育与体育局担任小学语文教研员。12月，接触到习课堂。习课堂简单、有效、好上手，是面向普通一线教师的有效课堂，也是面向全体学生的有效课堂。习课堂，适用于新教师多、骨干教师少、教师流动大的学校。这跟我支教的隆化县的教育现状完全吻合。地处偏远，严重缺编，隆化县教体局每年都要招录一批新特岗教师，简单培训就进教室，课堂上有很多的无效行为、低效行为、无关行为，并且，缺乏课堂管理意识。凭感觉盲目教学，教学效益低下，成绩平平，没有成就感，一些教师迅速对教师职业失去兴趣，教师队伍再次陷入流动的恶性循环。教师的成长可以等待，学生等不起。习课堂简约的教学流程、专业团队研发的任务单、时间管理工具、课堂管理工具……于是，我果断向组织递交了支教延期申请。

2020年暑假，两所学校在各年级设立了习课堂实验班。实验教师都非常积极，主动邀请我到班级听课，很快，老师们掌握了习课堂的基本流程。我为老师们上"习课堂"的示范课，一到六年级，两轮十几节示范课。正是这个过程中我切实感受到了习课堂的好处。两周内十几节示范课，每一节课都是新课，用的都是陌生的班级，陌生的学生，工作量可想而知。由于任务单在手，流程简洁清晰，班班都有管理口号，所以我创下了个人从教30年来短时间内展示课频度最高的纪录。但我非常自豪非常肯定地说：这是我上过的最轻松最有效的展示课！如果不是习课堂，根本不可能做到！这期间，管建刚老师开设线上公益培训，公众号定期更新习课堂答疑。采用习课堂教学两三个月，课上孩子们注意力集中了，有了时间意识、自律意识，老师说得少了，学生"习"得多了。有老师听课后说，习课堂，让我像是进入了一个纪律严明的学习部队，安静，有序，每个学生都有收获。

2020年12月28日，天津市对口帮扶隆化县小学语文专场送教活动，我们向全县汇报了习课堂实验。全县51所小学的教导主任、语文教师线上听课。2021年2月，受隆化县教师发展中心委托，我又在全县教学主任会上进行了习课堂培训。会后，隆化县组建了习课堂教学研究共同体。

组建了习课堂教学研究共同体后，肩上的担子更重了。然而，我有信心，因为习课堂一点儿也不高大上，一点儿也没有距离感。习课堂甚至有点儿下里巴人。可正是它的下里巴人，我们都够得着，用得起来！

（岳桂婵，天津市津南区咸水沽第五小学教师）

7.《七彩语文（教师论坛）》习课堂专题报道

教育回归学校　学习回归课堂

——苏州市吴江经济技术开发区长安实验小学家常课改革介绍

钮云华

一、尴尬的处境

长安实验小学建于 2005 年，是为吴江经济技术开发区三千多户拆迁农户配套的，现有设计规模是 9 轨 54 个班级。吴江的学校分两类，一类是吴江区教育局直管学校，有四所，其他都是乡镇学校。乡镇学校和区管学校竞争，在师资等教育资源配备上会吃亏一点儿。长安实验小学问题更大，矛盾更突出一些。一是出身不好，十多年前这里是农村，长安实验小学是由七八所村小合并而成的；二是社会舆论不好，这个学校是为拆迁农户服务的，大多是农村孩子和外来务工人员的孩子。

2017 年我调任长安实验小学当校长，我说：我们的学生来自全国各地，五湖四海，但是家庭对教育的依赖，对教育的期待更强，所以他们对学校对老师有一种崇拜和依赖之情，做他们的老师和校长更有幸福感。但到 2018 年，那种自豪感荡然无存。隔壁的区管小学，校长很优秀，教师队伍也强大，是老百姓心中的一流学校。大家趋之若鹜，八轨的学校容纳不下了，区教育局想到了一路之隔的长安花苑小学（原名）。教育局初步规划把靠近长安小学的四个小区划归长安花苑小学学区。老百姓通过各种方式表达不满后，政府将四个小区近两万户居民，定为我们两所学校的共享学区，区管学校接纳不下时分流到长安小学就读。四个小区的居民心理严重失衡，认为从房价二万五以上的学区调整到房价二万以下的长安小学就读是权益的极大损失，在巨大的心理落差下，他们拿放大镜、拿显微镜下看长安花苑小学。从校长管理、教师素养、学生家庭背景等不同视角曝光我们的不是，2018年我们成了吴江的"网红"学校。我们很郁闷，很无奈。但是我们也知道唯有自己强大，才能在与区管学校共享学区的背景下，赢得老百姓的认同。

二、尴尬的课堂

这几年，我们的发展异常艰辛。我们的家常课改革是在清醒认识学校教师队伍现状基础上的改革，是适合学校、适合老师的改革。2017年，学校有编制教师81人，临时代课教师48人（其中28人为学财务学营销的非师范类的大专或本科毕业生）。因为学校要为区管小学分流学生，这四年区教育在师资配置上给了照顾，四年来新增编制教师87人，在原来81人的基础上翻番还拐个弯。随之也产生了非师范类的代课教师多、新分配教师多，两者叠加的窘境。如何让这些教师尽快站稳讲台，能上课，能上出有效的课。我们请了不少特级教师来指导，结果有老师对我说：校长，别"乱"想了！特级教师波澜壮阔、行云流水、风趣幽默、充满艺术气息、独特解读的语文课，我们听着激动，但是真的学不会。

听了老师的话，我们沉淀到普通老师的家常课堂，采用不通知的推门听课和窗外巡课的方式了解家常课，我们看到家常课堂的各种乱象，其低效甚至无效到了令人窒息的程度。我们反思总结了日常课堂的十大乱象：

1. 课堂管理主要靠吼——校园"师吼"。课堂上，随处可见教师粗暴的管理方式，娇小美丽的女教师吼起来也有怒发冲冠、惊天地泣鬼神的气势，能镇住一时的场子。吼多了，也仅是"黔之驴"而已。

2. 教学目标主要靠蒙——教师摸象。听了老师的课，评课前我往往会问：这节课，你希望学生了解什么、理解什么、学会什么、形成什么？

教师往往告诉我：校长，我参考了别人的教案，也不是很清楚。再问：那么你觉得学生学会了什么？很多老师也蒙了。上课，脚踩西瓜皮自由滑翔或盲人摸象自说自话的现象，见怪不怪。

3. 学生作业主要靠补——课后补习。老师已经习惯了下课了布置课堂作业、放学了布置回家作业。学生作业只能在课间、放学后完成，写作业占据了孩子的自由时间。这种侵占，必定造成学生作业不情愿、不开心、应付了事。

4. 学生作业主要靠抄——抄袭成风。老师喋喋不休上了一节课，累了渴了，可以回办公室、回家，孩子们还在教室、在家里应付老师留下的作业，为了尽快从作业中脱身出来，草草了事、抄抄了事也就成了大部分中后等学生的家常便饭。

5. 作业批改主要靠勾——虚假繁荣。在全社会抱怨学生作业多的同时，批改作业也成了老师的灾难。不少老师发明了很多"应对灾难"的方法：责令家长必须检查学生作业（预批改），家长干了老师的活，于是各种家校冲突的狗血故事诞生了；先对答案再批改，批起来一路全对，老师轻松了，学生却不愿动脑筋做作业了，反正交之前老师要对答案的。老师也好、行政也好，看到的作业本干净、正确率高的，其实是虚假繁荣。

6. 教师示范主要靠贴——二道贩子。打着提高课堂效率的旗号，老师课前准备大量打印出来的板书贴纸，需要了往黑板一贴，学生没有看过老师板书，黑板却伤痕累累（都是双面胶的痕迹）。没有书写的示范，学生的书写素养怎会发展好？课堂上，老师照本宣科地贩卖答案，哪还有什么思维灵动？

7. 教学方法主要靠问——一问到底。所谓的问题导向，到了课堂就是一问到底，大问题答不出，问小问题。教师碎碎问学生轻轻答，问答配合得好，师生皆大欢喜；问答配合不好，老师急、学生怕，那份煎熬唯有下课铃可解脱。

8. 学生上课主要靠听——随风飘过。学生考试成绩不好，老师很委屈地告诉我：校长，这些知识点我都讲过，我的备课笔记上都有。老师

"讲了"和学生"会了"差着十万八千里呢。听，对学生而言就是耳旁风。靠讲，想解决教学质量问题，那不过是老师的自我安慰罢了。

9. 教师主导主要靠嘴——喋喋不休。中国历来有君子动口不动手的传统，君子者君主也、领导也。似乎教师主导也是领导，喋喋不休一节课也算是守土尽职了。君不知，喋喋不休会烦死人的，不小心成了学生口中的"三八婆"。课堂主导应该是出学习方向、出学习任务，然后组织学生完成任务、管理学生完成任务、激励学生完成任务。

10. 学生主体主要是陪——陪太子读书。为了推进教学，老师不断提问个别学生，一堂课都在80个问题以上。老师抱着"盯个体带全体"的美好愿望，98％的学生由此成了课堂的旁观者，于是课堂上诞生了大量的或发呆、或闲聊、或玩耍的"吃瓜群众"。

十大乱象之下，必然会出现五大问题。

1. 为什么回家作业总是那么多？学生苦作业久矣，不同学科的老师比赛布置作业，谁布置少了谁就吃亏了，学生都去做别的学科作业了。课上不做作业，课后比赛布置作业，学生作业负担不重才怪呢。

2. 为什么学困生总是那么后进？"一个不能少"是基础教育的基本理念，学校也制订了转化学困生的规章制度和考核体系，然而随着年级晋升，学困生队伍越来越庞大，学困程度越来越严重，很多学生成了学困生中的"战斗机"，学习之路已到了山穷水尽的地步。

3. 为什么课堂上开小差的学生一群又一群？很多学生发现开火车读，火车离我很远，与我无关；老师提问，有人回答问题了，我解脱了；指名读课文，躲过一劫，与我无关了。无事生非是古训，课上大多数学生没有学习任务，发呆、开小差也就成了家常便饭。

4. 为什么作业一点儿不少、成绩却一点儿没变好？孩子的作业负担重一点儿，但是孩子的成绩上去了，家长们也不会有太大的意见。不满就在于学生的作业那么多，学习成绩却一点儿也没见好。于是作业问题成了全国人民都来"拍砖"的大事件。

5. 为什么课堂上主体和主导总是分不清？作为"主导"的教师占据

讲台，居高临下，颇有"君临天下"的感觉；占据课堂四十分钟，分秒必争，颇有你的时间我当家的霸道。学生不是主体，课堂里的学生不是跑龙套的，就是不说话的群众演员。

三、家常课改革

什么是家常课改革？我曾经跟管建刚老师说：你要从造概念车向造适合农家的长城皮卡转型，人人买得起，用得上，造出来的车拉得了粮食、走得了亲戚。家常课的基本特点是：

1. 人人。每一个老师都能上，不管是新教师、代课教师还是老教师，只要想学都能很快地学会，而不是要等五年十年才能上出有效的课，青年教师等得起，可是班上的孩子等不起。这个"人人"还是针对学生说的，"每一个"学生都能在课堂有进步，"每一个"学生都是课堂的主人，课堂时间还给"每一个"学生。学生是不是"主体"，主要看课堂时间是不是还给了"每一个"学生。

2. 课课。家常课就是妈妈做的家常饭，天天吃，顿顿吃。家常课是每一天每一节都要上的课，有检查要上，没检查要上；心情好要上，心情不好要上；今天不忙要上，今天很忙也要上。教学质量靠的不是一节准备充分的公开课。教学质量靠的是每一节的家常课的累积。就像人的身体的成长不是靠吃一顿山珍海味，而是靠每一顿的饭菜。

于是，管建刚领衔的课改团队在不断调整完善课堂结构的探索中逐步形成语文家常课结构简洁、节奏明快的家常课基本模式"读＋习＋读＋习"。

为了助力所有的老师都能上好家常课，管老师带领的团队开发了家常课的实施工具。

1. 教学组织的工具——任务单。每一课时有了任务单，目标任务明确了，训练有了内容，每一个学生都知道在课堂上自己要完成的学习任务。课堂从原来的模模糊糊一大片，转向了清清楚楚任务单；课堂从只要一个学生回答的"大锅饭",转向了人人都要读、写、背的"承包责任制"。

2. 时间管理的工具——闹钟。每一堂课要使用闹钟5—8次,闹钟既是管理学生的时间,更是管理老师的时间。这段时间是给学生读的,这段时间是给学生写的,这段时间是给学生背的,老师不能信口开河、不能随意占用。课堂时间得到充分利用,本质上不是老师充分利用,而是班上每一位学生充分利用。而学生充分利用课堂时间的前提是教师的"时间让位"。时间管理也让师生有了"效率＝任务÷时间"的意识和行为。

3. 课堂管理的工具——管理口令、管理手势、激励印章。家常课把70%的时间还给了学生,老师干什么?老师要进行课堂组织、课堂管理、课堂激励。怎么激励、怎么管理、怎么组织?管老师团队开发了系列的课堂管理口令、课堂管理手势、课堂管理印章,从而使得课堂管理有了得力的抓手,可以长期实践的抓手。管理口令手势的开发使用,课堂从管纪律向课堂综合治理和课堂积极调理发展,课堂上有了严肃紧张的学习气氛(有严肃紧张的课堂才有活泼生动的课件和生活)。激励手段的不断丰富,师生关系更亲密了、学生学习积极性更高了,也给严肃紧张的课堂学习带来温馨和快乐。

为了把家常课落到实处,行政管理需:

1. 备课改革。团队开发了家常课任务单(教师版、学生版),我们不再写传统意义上的备课,我们要求备课备到心里。语文老师的备课做两件事:每周规定时间内将自己朗读课文的音频上传备课组公开;每周规定时间内认真做一遍学生任务单上的所有习题。

2. 走课改革。一节一节地听课,花费的时间多,成效低,而且根本无法了解到每一位老师的每一堂家常课。我们从家常课的时间管理、任务管理中得到启发,推出了走课管理。走到哪个班级就看哪个班级是否具备三个要素:任务单的使用,时间管理的使用,课堂管理口令、手势和激励印章的使用。

3. 作业管理改革。我们要求"刚需作业不出课堂",只有如此,才能持久地执行"双减"通知提出的"书面作业基本不出校门"。"当堂完成

——当天批改——当天反馈——当面订正",咬住作业的"最后一公里"。

家常课改革,课堂教学要从教师完成教学任务向学生完成学习任务转型,要有"回家作业少一点,考试成绩好一点"的课堂教学追求。课堂从"以书为本"向"以人为本"转型,"把课堂时间还给学生"成为家常课改革的核心理念。家常课改革,课堂纪律好了,开小差的学生基本没了,老师管住自己的嘴了,学生忙起来了,老师走起来了,回家作业少起来了,教学质量好起来了!

结 语

三年多的语文家常课改革的研究、实践,我们感受到了家常课改革给学校、教师、学生带来的新发展新气象:学校语文成绩从全区中游偏下水平向中游偏上乃至上游发展。新上岗的教师在课堂也能"管住学生,完成作业",大部分学生期末也能考得好成绩。部分资深教师也深深爱上了语文家常课。四十多岁与小年轻比拼区级优质的章老师信心满满:我现在终于知道怎样上语文课是有效、高效了,我期待评优课有课堂效益检测环境,我会完胜。我们即将退休的薛老师说:每次接班,面对十来名不及格学生和大量不做作业的学生,感到苦不堪言。坚守语文家常课改革一年后,不及格的都及格了,孩子也越来越可爱了,教育越来越有味了。

这几年学生数的变化,也让我们看到自己的发展,也体会到了老百姓对我们的认可:2018年,我们准备了11个班级,508个学位,共享学区的四个小区没人到我校,都强烈要求到区管学校就读,结果我们空了253个学位,隔壁的区管学校敲掉了6个美术教室接纳新生。2019年开始有部分共享学区的家庭选择在我校就读,2020、2021连续两年选择我校就读人数超出了计划招生数,我们连续两年扩班,现在一二年级都有13个班级。

我们的家常课改革得到了《人民教育》《中国教育报》等媒体的关注并向全国推荐,也得到了成尚荣、董洪亮、李亮等专家学者的肯定和指导。我们深切地知道:语文家常课改革不是完美课堂,只是让原来一节节无效、低效的语文课堂变得有效起来，让原来课堂上无所事事的学生也都能学有所得。我们坚信：因为不完美，才有不断探索的价值，不断进步的空间。不完美才是真完美！

［本文是作者在"江苏省第五届统编版小学语文教材主题观摩研讨活动"中的发言，文章主要内容发表于《七彩语文（教师论坛）》2022年第7期，发表有删节；现全文刊出］

不是什么课都能称为"家常课"

——听习作家常课有感

高子阳

一、"家常课"的来龙去脉浅说

谁最早提出"家常课"的？什么是"家常课"？老师们平时所上的课都能称为"家常课"吗？在中国知网上查询，1985年一位名叫蜜蜂的老师在《体育教学与训练》（第3期）杂志上发表了《特级老师的家常课》文章。没有想到，一直到2003年才被人再次提及。由于中国知网收录内容并不完整，1985—2003年期间肯定还会有老师、专家因为公开课、比赛课、示范课等存在着严重的问题，一次又一次想到"家常课"。

"家常课"中的"家常"，是借用家常饭菜来说的，是非常形象的比喻。家常饭菜绝对不是低质量的、随随便便的饭菜。家常饭菜，需要变化，需要搭配，霉烂不新鲜的原材料、不好吃的一定会被淘汰，不时也得有"硬菜",偶尔也得下下馆子。富家、中产阶级、工人阶级、平民百姓等的家常饭菜肯定是不同的。只有有了这一认知,我们才能理解什么是家常课,才知道不是所有的家常课都是好的家常课。

国家级名师、特级教师管建刚领衔的家常课教学改革,与绝大多数老师的家常课不一样。他们研发的家常课有很多种,课文家常课、语文园地家常课、识字家常课、习作家常课等,每次走进他们的班级,节节家常课,都让人有一种坐不住的感觉。

二、从未遇见过的两节儿童习作家常课

2021年江苏省教育学会小学语文学校委员会学术年会上有两节作文课,一节是杨丽萍老师的"漫画老师",一节是樊小园老师的"有你,真好"。下面以"漫画老师"为例,介绍习作家常课是怎么上的。

任务一:读例子

1. 上课铃声一响,杨老师就直接请同学们读任务一中的"例1",时间2分钟。要求是"时间不到,读书不停",就这么简单,与众多公开课的情境创设、游戏导入等完全不一样。

学生读完一遍例子就伸出一个手指。两分钟到了,80%以上的学生大声读了5遍,其余读完4遍。学生读片段,杨老师在干什么?杨老师手里拿着习课堂印章,一字不说地行走于学生中间,弯下腰倾听,盖好表扬章,继续听、继续盖章。

2. 2分钟时间到,杨老师立即表扬学生,从两个不同方面表扬两个学生读得好。

3. 师生合作读这段文字。师读非画线部分,学生读画线部分。

4. 师生合作读完两遍,就让学生读这个片段告诉他们——
◎外貌描写单写眼睛,这叫本事。
◎夸张手法,写出了老师的"眼神犀利"。

这两句话,不是老师提问、个别学生回答才出示的。可以这么说,老

师不造假，这两句话，学生很难说出来。说不出来，何必浪费那个时间呢？直接给学生，学生一读就懂，不也是很好的专业化教学吗？

5. 读任务一的例2。教学方式跟前面一样。学生先读2分钟，老师倾听、盖章、表扬，师生合作读，然后读片段告诉我们：

◎外貌描写单写身高，这是本事！

◎夸张手法，写出了老师的"个子高"。

读这两个片段文章，两次提到"本事"。细细阅读老师提供给学生的"范段"，水平很高，用本事来形容，不过分，不是夸张，就是事实。大声多遍朗读，读得明明白白，接下来就是训练，让每位学生也有这种本事。只有有了本事，喜欢上写作才有可能啊！另外，两次提到夸张，说明要想写好"漫画老师"，夸张一定要会，文中一定要有，否则何谈"漫画"老师？而抓住"夸张"来训练本次习作，这也是习作教学专业化的表现。发现"夸张"不难，难的是把夸张训练到位。

任务二：写片段

1. 杨老师同样是直接进入任务二教学的。任务一至任务二中间没有过渡语，就是告诉学生拿出任务单，提起笔，"一心一意写片段"，时间7分钟。埋头写7分钟，不抬头，铃声不响习作不停。

学生就是在下面表格里写的：

老师	
外貌特点（写一个）	
一段描写（用上夸张手法，把一个外貌特点写具体）	

学生写，老师在干什么？巡视看学生写，老师没有说话，即没有告诉学生怎么写。

2. 7分钟铃声响，学生立即放下笔。老师立即找两位学生到前面读学生所写的片段。学生读完，再让他们带着全班学生读自己写得最精彩的夸张部分。

全体学生大声跟读，肯定会立即想着自己的。有的写完了，也会在读中发现自己的问题。没写完的，也知道接下来怎么写。老师在这里没有过多的评价，因为精彩大家都听得到。

任务三：读例子

任务三的例3、例4片段的阅读，方法同前面的例1、例2。

读熟了例3，学生读一句话的点拨：

◎故事＋夸张，写出来了杨老师的"犀利"的特点。

读熟了例4，读熟了例3，学生读一句话的点拨：

◎故事＋夸张，写出来了施老师的"狮老师"的特点。

任务四：写片段

1. 任务四的教学是"一心一意写故事"，时间8分钟。

老师	
个性特点（写一个）	
一段描写（用夸张手法写好一个故事）	

2. 时间到，学生停下笔。老师让两位学生读读自己所写的故事。

3. 下课铃声响。课堂小结，就是让学生读三句话：

◎写外貌单写一个特点是本事！

◎夸张手法能写出一个人的特点！

◎"故事＋夸张"写好一个故事。

樊老师的"有你，真好"教学过程相似，反复读四个例段，进行两次片段习作。课堂上反复强调这一次习作的训练重点是：（1）用第二人称写；（2）罗列"你好"的事例；（3）详写一个"真好"的事例！

二三十年来，作文课听过不少了，这样的作文课第一次听到，对我来说，冲击力很大。这两节课完全可以用"震惊"来形容。"震惊"在哪里？这样的课几乎可以拿来就用，效果会如这两个班一样好。什么是好的家常课，什么是最能改变老师和学生的家常课，我从这里找到了答案。

三、两节习作家常课带来的思考

1. 范文、范段为何必须要，要多少，又如何用呢？

不管哪个国家的儿童写作教学都不会离开这种"范"（范书、范文、范段），离开了，那是写不出好作品来的。因为有了这些"范"，学生才知道差距，才知道如何超越。人与动物最显著的区别，就是会超越过去。"读书破万卷，下笔如有神""读得越多，写得越好"这是正确的，习作教学只有大量阅读这些"范"，学生才能写得更好。好的儿童作文课，一定要有这类作品，还一定要给学生充分地读的时间。

教三至六年级的语文老师都知道，我们的一次课内习作只有2—3课时。因为课时太少，导致一次习作总是匆匆忙忙，不管是质上还是量上，常态习作课普遍缺少高水平的"范"。所以我们所遇见的习作课，就是设置个情境，引导学生怎么写，注意哪几条，就让学生动笔列提纲、打草稿，然后让学生简单地读读草稿，修改一下，就匆匆忙忙地誊写交给老师了。这是多少年不变的常态课教学模式。这样的教学带来了什么？答案是绝大多数学生写不出像样的作文，只能无比讨厌写作。

研究发现，因为时间紧迫，给学生提供范书、范文来引导学生写作几乎没有可能性了，因为他们读不完。读不完，就意味着读不懂、读不通、读不破，如此，你还会有什么办法教学生写作？所以，给学生提供"范段"就成了最佳的选择。面对那么多的学生，对于一次习作来说，范段不能只提供一个。两位年轻老师一个课时里都使用了四个"范段"，研究这四个范段，真的起到了"范"的作用。习作家常课里，一节课40分钟，每位学生把每个范段都读了若干遍，因为只有这样读，才能把改变学生本次习作的"写作智慧"读到，如此"范"的价值才能被发现、被运用。课堂上，老师反复强调，就是让学生快速走向极致化认知，因为不达到极致，很难激活学生，让每位学生真正写出来的。管建刚和他们的团队从三年级做到六年级，寻找每次习作的范段，这看起来简单，其实相当困难，不少还得靠老师来创作。这是非常了不起的事。

2. 以什么样的方式能让学生快速写起，并写得不一样？

美国一个研究团队发现"儿童天生会写作"。天生会写作的孩子，为什么经过三至六年级的作文教学后，不少学生害怕写作了呢？有位专家说，我国中小学没有作文教学。这话看上去很极端。我国现代语文教育体系建立以来，中小学作文教学的研究从未停止过。但不得不说，儿童写作教学专业化程度仍然不高。

一节好课，专业化程度一定要高。就像一部手机一样，必须由多类型专业化程度高的人来做，产品做成了，人们才能用起来，才能在用的过程中发现问题。所以一代代新型手机需要专业化团队继续研发。管建刚和他的团队开发的习作家常课，专业化程度真的很高。因为只有专业化程度高，学生才能快速写起来，并写得不一样。他们团队把60次单元作文任务单（1.0版）专业化地做起来。老师拿到作文任务单，真的不需要太多准备，学生真的就能快速写起来。

一所学校，年轻老师入职，学校都给配了师父。听师父上课，模仿师父上课，师父反反复复地教他们上课，效果如何？有的进步很快，有的进步很慢，有的怎么都进步不了。新老师拿着习作家常课的任务单，进班就可以读起来，写起来。众所周知，作文很难教，广大一线老师怕教，不知道怎么教，优秀的作文课例搬到自己班上又画虎不成反类犬。这个难题，被习作家常课团队有效突破了。

这种突破并产生高效率的形式是什么？就是高水平"常态课型任务单"的拟定与使用。我是最早从翻转课堂中得知"任务单"的。"翻转课堂"的确改变了传统教学结构，是把夸美纽斯给予老师的课堂结构，即以教师为中心的传统教育理念和班级集体教学的传统教学流程做了颠覆性变革。习课堂的课堂教学结构也是颠覆性的。真正做过翻转课堂实验的，都知道这是"有效提升学生自主学习能力，发展学生思维能力，最终实现学习成绩提升"的教学智慧型理论。前几年，"翻转课堂"在我国红极一时，现在却不见踪迹，为什么呢？就是因为"学习任务单"的设计老师做不了，而"学习任务单"又是实施"翻转课堂"必须要做的事。

"学习任务单"，是教师设计的帮助学生在课前明确自主学习的内容、目标和方法，并提供相应的学习资源，以表单为呈现方式的学习路径文件包。"学习任务单"的好处是，能让学生根据个人需要有一个自定进度的学习，即让每个学生按照自己的步骤学习，取得自主学习实效。学习任务单一般包含学习指南、学习任务、问题设计、建构性学习资源、学习测试、学习档案和学习反思等多项内容。这非常繁杂，非常专业，耗时肯定很多。如果整册教材所有内容都以"任务单"的方式来上，老师要根据学生的情况设计很多种类型的学习任务单，这是一个庞大的工程。因为一线老师做不到。所以，这一了不起的教学改革相继流产。

历时三年多的习课堂，把小学语文十二册每一课的任务单做出来了，包括习作任务单。如此教学，怎么可能不换来教学的高效率呢？

[高子阳，江苏省昆山市玉峰实验学校教师；本文主要内容发表于《七彩语文（教师论坛）》2022年第7期，发表有删节；现全文刊出]

习课堂：为增效、提质、减负提供解决方案

薄俊生

我先后三次现场观摩学习钮云华、管建刚团队研发的习课堂，多次拜读他们发表在各类教育期刊的关于习课堂的观点和案例，感到习课堂确是一项有实质意义的变革，为语文教学增效、提质、减负提供了系统的解决方案。

一、目标具体化，解决盲目的问题

学习目标表明了我们希望学生获得的学习结果，它明确了"学生将要获得什么，学生要对这个学习内容掌握到什么程度，以及通过何种路径去获得"等方面的内容和要求。可以说，学习目标是课堂教学过程中，学生一切学习活动的出发点和落脚点，是教学的灵魂。

与其他学科相比较，语文学习的目标有其特殊性。有人说，数学课的学习目标是清清楚楚一条线，语文教学课的学习目标是模模糊糊一大片。从小学一年级到高中三年级，学生在整个基础教育阶段的语文学习都涉及字词句篇、听说读写，要为某个年级、某篇课文、某个课时确定学习目标，的确是一件非常困难的事情。加上有些老师自身对学习目标的编写不重视，语文课堂教学难免出现不同程度的盲目性。

《义务教育语文课程标准（2022年版）》关于各学段的课程目标和内容、教材单元导语中编者关于"语文要素"的提示、"口语交际""习作""语文园地"中编者的指导性文字、课文后面的练习题等都是制定学习目标的依据。有些教师常常将依据当成了目标，千篇一律，照抄不误，导致目标不具体、不明确，备起课来脚踏西瓜皮，写到哪里是哪里。

对于一线教师，如何将抽象、笼统的课程目标具体化、细节化，才是学习目标设计的重心所在。习课堂有一个重要工具——家常课任务单，它的显著特点就是将学习目标、学习任务、学习评价融为一体，既没有脱离目标的任务，也没有任务以外的目标，教、学、评高度集中，完全统一。为编制出这样一份优质的任务单，教师必然会倒逼自己深入研读课标，深入研读单元导语及其他指导性文字，深入研读文本及课后练习，将学习目标定位到具体的字词句篇、听说读写，即教师在编制任务单前必须想清楚：这篇课文或这一课时究竟要让学生获得什么，他们对这个学习内容要掌握到什么程度，然后考虑设计什么样的学习任务让他们去实现目标，以及如何获得他们是否实现目标的证据。有了这样具体明确的"作战目标"

和"作战方案"，教师踏进课堂这个"主战场"就能成竹在胸，取得"战斗"的最终胜利。

根据所见材料和所听报告，我感觉习课堂的研发者们关于任务单编制方面的内容阐述还可以更充分些，因为我认为，这是习课堂这项改革的核心技术，有必要专门进行总结宣传推广。

二、对象全员化，解决游离的问题

由于部分学生学习基础薄弱、缺乏学习兴趣、学习自觉性不强，以往的课堂上普遍存在着大批观众、听众和南郭先生：开火车读，读过的学生开始走神；指名朗读，未被指名的学生东张西望；小组讨论，除了一两名"学霸"，其他学生心不在焉；师生问答，举手的总是几副老面孔……因此可以说，以往的课堂是面向优等生或少数积极学生的课堂，导致的结果就是学业两极分化，一批学生沦为学困生，越来越厌学。而在习课堂上，几乎没有了指名读，而是以齐读、自由读、配合读为主；几乎没有了口头提问，有的只是全体学生在同一时间内独立地围绕任务单上的学习内容开展学习活动，原本产生观众、听众和南郭先生的土壤被彻底铲除。加上管理口号的彼此呼应、管理手势的合理使用、学习印章的及时激励以及教师与学生亲密距离的保持，学生游离在学习之外的问题得到彻底解决。于是，教学就实现了"下要保底，上不封顶"的目标，基础教育就保住了基础。

三、设计模块化，解决琐碎的问题

据钮云华校长的统计，以往老师们习惯于线性化的教学设计，教师在每节课上提出的问题平均在八十左右，我也曾经称之为"十万个为什么"式的课堂。在这样的课堂上，教师一问到底，口干舌燥，学生一答到底，疙疙瘩瘩，鸡零狗碎。课堂上问是问了，答是答了，下课以后，学生好像走了一回迷魂阵，晕头转向，一无所获。这样的教学效果可想而知。

我研读了习课堂《漏》《京剧趣谈》等教学课例的实录，发现每堂课的任务单上都设计了四项学习任务，每项学习任务都设计了相同类型的两种练习形式，这说明每堂课上，学生的学习内容都不超过四个模块。深入研读后又发现，任务一的口头训练与任务二的纸笔训练、任务三的口头训练与任务四的纸笔训练，分别一一对应，这相当于又减少了两个学习模块。同样的学习内容，模块数量越少，表明教学的结构化程度越高，它将使学习内容更加关联，学习过程更加简洁，学习成效更加显著，而学生不但没有花费更多的时间和精力，反而比原来学得更加轻松。习课堂的模块化设计思想，对广大一线教师改进课堂教学、提升课堂教学效益具有重要的启发意义。

四、训练全程化，解决负担的问题

满堂问、满堂灌是以往常见的课堂样态，除此之外，虚假学习（没有过程的学习）、疑似学习（心不在焉的学习）、模糊学习（没有结果的学习）等现象也相当普遍。这些现象的共性问题，在于学生只用耳朵，在于"君子动口不动手"，当然，还有学生连听都听不进去。学习金字塔理论告诉我们，听与看都属于被动学习，如果学生只用耳朵听，两周后知识的留存率只有 5%；如果既听又看，两周后的留存率也只有 20%；而实践应用属于主动学习，如果学生能够在课堂上立即应用所学知识的话，两周后的留存率可高达 90%。显然，加强实践应用，是提高学业水平的有效策略和重要途径。

习课堂的全称是"围绕'习'的整体教学改革"，显而易见，"习"就是指实践或应用，是改革的核心和关键。首先，"习"必定是学生自己的事情，所谓在游泳中学会游泳，在阅读中学会阅读，别人无法替代。因而，习课堂的研发者们下定决心将 70% 的课堂时间还给学生，让学生自己去经历学习的过程；其次，"习"一定要有事可做，而且要做正确的事。因而，习课堂将当堂读熟课文、当堂背出课文、当堂抄写默写、当堂完成课后习题、当堂完成课文理解性习题作为学生的刚需学习内容，限定在70%的课堂时间内完成。于是，我们看到，每一个学生在习课堂上都从课始忙到课尾，一刻不停地读、背、写，使刚需作业不出校门，让学习回归课堂，实现了增效提质减负的改革目标。习课堂启示我们，只有让学生在课堂上忙起来，才能让学生在回家后闲起来；只有课堂"增效提质"，才能实现课后"减轻负担"的目标。

五、语文本体化，解决异化的问题

记得当年推进素质教育的时候，有专家提出了"语文姓语""小语姓小"的教学主张，这是对小学语文教育的科学定位，对当下的语文教学研究与实践依然具有指导意义。"语文姓语"，强调语文课程要种好自己的田，护好自家的园，要遵循语文学习的规律，指导学生学习运用祖国的语言文字。"小语姓小"，强调的是学生在小学阶段要打好拼音、识字、写字、朗读、默读、背诵、阅读、口语交际和习作等语文基础，多读书，读好书，读整本书，注重积累，培养语感，提高理解和表达能力。细读习课堂课例《漏》，学生在两节课上共朗读课文20多遍（次），当堂进行的纸笔练习有选择读音、抄写词语、听写词语、课文填空（概括课文内容，总结中心思想）、排列顺序（理清写作思路）、关注人物的心理活动和行为表现、认识修辞手法比喻并体会其作用、体会作者用词的准确与贴切、表达对故事情节的阅读感受、拓展阅读深化思想认识并丰富语言积累等，所有练习围绕三年级语文课程目标和教材内容设计，学生经历了扎扎实实的语文实践，很好地体现了"语文姓语""小语姓小"的精神。可以预见，学生这样开展语文学习，不仅能够守住"考试分数"的底线，而且能够达成"语文素养"的目标，同时打好语文和精神的底子。

［薄俊生，江苏省特级教师，江苏省人民教育家首批培养对象，现供职于苏州国裕外语学校；本文是作者在"江苏省第五届统编版小学语文教

材主题观摩研讨活动"中的发言，主要内容发表于《七彩语文（教师论坛）》2022年第8期，发表有删节；现全文刊出]

"习课堂"的管理魅力

孙双金

语文教育的顽疾是什么？用著名教育家吕叔湘先生的话说，就是"少、慢、差、费"。这少慢差费的问题，几十年来一直没有得到真正的解决。但是，我参加了江苏省小语会学术委员会在苏州吴江举行的习课堂的研讨会，观看了"习课堂"的5节观摩课，听了钮云华校长和管建刚老师的两场报告后，我找到了答案。

我认为"习课堂"很好地解决了"少、慢、差、费"的问题。在"习课堂"上，我感受到了孩子们那饱满的精气神；我感受到了课堂全过程的高效；我感受到了独特的管理魅力。我感叹：管建刚老师不愧为是课堂教学的管理能手，竟能把课堂教学的管理做到如此极致！

记得听课过程当中，我和管老师交流看法。我说："你们的课堂的最大的特点就是在课堂教学管理上下足了功夫，做足了文章，有了很大的突破。"管老师非常赞同我的看法："孙老师，你真是一语中的。好多老师看了我们'习课堂'，都对我们的'习课堂'的任务单感兴趣。但是孙老师火眼金睛，一下子就发现了我们的根本问题是课堂管理做得好。"我特别赞同管老师的一句名言"课堂的效益问题归根到底是课堂的管理问题"。那么，"习课堂"的管理魅力在哪里呢？他们的管理秘诀是什么呢？我认为体现在以下几个方面。

第一，教学时间的管理：精确到每一分钟

观摩"习课堂"有一个最大的感受，是屏幕上的计时表！听课当中，你不断看到屏幕上滴滴答答的倒计时表。你会感到"习课堂"当中，每一秒每一分都很重要。

"习课堂"时间管理上的奥秘在哪里呢？我认为有两大奥秘。

一是化整为零的艺术。

我们老师原来上课一节课 40 分钟，觉得 40 分钟很长，师生的时间感就不强，一分钟两分钟浪费掉了，也觉得没关系的。老师把课堂时间大而化之，化整为零，它的好处在哪里呢？用老子的话说，叫："天下大事，必作于细。"曾国藩先生说过："天下大事，当于大处着眼，小处下手。"列宁同志也曾经说过，要向大目标走去，就要从小目标开始。习课堂的时间管理上的一个最值得我们学习的就是把 40 分钟化整为零。化了多少个零呢？它是化了七八个小时段。第一个小时段可以是三分钟的第一遍读书；第二个时段是两分钟的片段朗读；第三个时段是三分钟的重点感受；第四个时段是六分钟的小练笔……所以在"习课堂"里，看到它是一个一个小的时间板块呈现出来的，把一堂课的大目标分解为五六个小目标或者七八个小目标。每个小目标都是非常明确的，你感到"习课堂"从头至尾是十分饱满的，没有哪个环节是可以忽略的。这是"习课堂"的第一个魅力——化整为零，用一个个小目标去达成一堂课的大目标，这是一个非常高明的管理艺术。

二是分秒必争的态度。

你看"习课堂"当中，每一秒每一分师生都在高度运转，从第一分钟到最后一分钟，没有一分钟是浪费掉的。因为每一个环节的每一分钟都安排了饱满的学习任务，师生都是在高度的、紧张的智力活动当中度过的。我非常感慨，听"习课堂"看不到一个学生是分神的，也从来不会感到哪一个时间段学生是没有事可干的。这就是管理的魅力！

第二，教学的常规管理：饱满的精气神

在"习课堂"中，学生从头至尾腰板挺直，全神贯注跟着教学任务走，所有的孩子炯炯有神，小眼发光。"习课堂"的课堂常规为什么做得这么好呢？他们有三大秘诀。

第一大秘诀是口令。"习课堂"的口令值得我们好好学习，好好研究。它每一个年级，每一个任务都有专门的口令。例如：他们的一年级，老师说"书本"，学生立即说"斜斜放"；老师说"时间到"，学生答"全放好"；老师说"书本合拢"，学生答"左上角"。二年级的口令，老师说"123"，学生答"坐坐好"；老师说"小眼睛"，学生答"看黑板"；老师说"看屏幕"，学生答"就看屏幕"。整个课堂，师生的口令是那么默契，那么整齐，那么流畅。并且，口令一出，学生的行为马上跟到。这是"习课堂"口令管理的第一个秘诀。

第二秘诀是手势。老师教学有教学的手势。你看当老师指导学生读书的时候，他手的高度是有变化的，抬高、居中、放低。老师的手势抬高了，学生的声音就抬高；老师的手势降低了，学生的声音就降低。随着老师手势的上下，学生朗读的声音抑扬顿挫。老师的手势让我想到了演奏台上的指挥家的指挥棒，所有的乐器、所有的演员都随着指挥棒演奏出最美妙的乐曲。学生一边读PPT上的文字，一边注意老师的手势，这样的读书就必然专心、专注。学生的手势呢？我第一次听课的时候，就特别惊讶。孩子朗读的时候，一遍读完了，小朋友伸出一个指头；两遍读完了，小朋友伸出两个指头；三遍读完了，小朋友伸出三个指头。老师在巡课当中，只要看学生伸出几个指头，就可以知道孩子读了几遍书，根本不用老师问你读了几遍了，课堂时间就省下来了。用学生手指头代表读书的遍数，这是习课堂的创造。

第三个秘诀是印章。只要是学生的读书、练习环节，老师总是在教室里面巡视，要么检查学生的读书，要么检查学生的书写，要么检查学生的

练习。你不断看到老师手里的印章，在表现好的同学本子上盖印。你别小看这个印章，这个印章对学生的奖励可大了。有多少个印章可以兑换成"Q币"，有多少个"Q币"兑换"自选同桌券""免作业券""师生交换午餐券"等等，既有物质的奖励，又有精神的奖励。

正因为习课堂的口令、手势、印章三大秘诀，所以在习课堂上，孩子们从头到尾精神饱满、全神贯注、小脸通红、小眼发光，让我们真正看到了习课堂上学生充满精气神。

第三，教学细节的管理：温暖人心的眼神

我和管老师交流的时候，管老师告诉我说："孙校长，我们学校的老师在课堂教学的时候，课堂巡视的线路都是有规定的。怎么规定呢？我们从第一排走下去，走下去的时候一般不从后面往前面绕。老师从后面往前面绕的话，只看到学生的后背，看不到学生的眼神。所以我们一般都是从前面下去之后退回来，再到第二排的前面，往后面走。老师每一遍巡视课堂都能看到学生的表情，看到学生的眼神。看到学生的眼神才是好的课堂管理。"我非常感动，感动习课堂的管理这样精细，这样温暖人心。管老师有一句名言："老师的管理一定要让学生看得到。"你站在学生后面，学生怎么看到老师的管理呢？你只有站在学生的对面，你的眼神和学生的眼神有交流的时候，学生才能感受到老师眼神的温暖，感受到你对他的肯定，对他的赞扬，对他的赞美。习课堂老师巡视时，老师的眼神是温暖人心的。

第二个细节，我们在听课的过程当中，总会看到当老师提出要做练习的时候，"提起笔"口令一出，小朋友瞬间全部提起笔来之后，会停两秒钟再开始写字。为什么要停两秒钟呢？管老师告诉我说："孙校长，这个两秒钟很重要。一表示提醒，二表示等待，三能够全班统一行动。"你看这两秒的细节，它能使课堂管理达到最佳的效果。这是习课堂又让我们感动的地方。管老师还告诉我："我们的'习课堂'有一句名言，叫看个体

的时候想着全体，看全体的时候想着个体。你要兼顾到全体，你不能只看到一个人。"习课堂还有这样的细节，表扬同学的时候不说"你们"，也少说"你"，一定要喊出学生的名字。喊出学生的名字，是对学生的尊重，对个体的尊重。你表扬学生的时候，一定要表扬出这个学生"好"在哪里，不能空洞地说"读得真好"，读得好有100种好法，要说出属于这个学生的"好"，这样的表扬才能深入人心，学生才会在乎，也给别的学生提供清晰的学习路径。这都是管理的细节，值得称道。

第四，教学内容的管理：让教学流程看得见

在和管老师交流的时候，管老师告诉我："我每次在巡课的时候，如果上课了20分钟，这个老师的学习任务还在第一、第二个任务单当中，我们要介入管理了。我们的教学流程是看得见的，我们第一个任务单在一堂课的5分钟左右完成；第二个任务单在10分钟左右完成；第三个任务单15分钟完成，所以哪个时段应该学习第几个任务单，管理者是非常清楚的。"这又是习课堂管理当中一个独特的秘诀。他们的任务单是怎么产生的呢？任务单是老师们集体备课研究出来的，然后报他们的学科专家审核。钮云华校长告诉我："管老师审任务单，经常审到三更半夜，并且常常把老师的任务单改得面目全非，甚至推翻了重来。"他们对每一个任务单都精益求精。那么任务单产生之后，老师平时备课干什么呢？管老师又告诉我："老师平时备课的一个主要任务就是自己做教学任务单，看一看自己做这个任务单花了多长时间。如果这个题目我花了3分36秒，那么在课堂上，老师会说'这个题目我做的时候花了3分36秒，你们有没有同学3分钟能够把这个题目解决，超越老师，挑战老师'。"这样的话可以把学生学习的欲望、热情、干劲激发出来。让教学流程看得见，这又是管理当中十分重要的秘诀。

习课堂的管理值得我们学习的地方是很多的，它的时间管理，它的常规管理，它的细节管理，它的内容管理。如何向管理要质量，向管理要效

率？习课堂给我们提供了一个极好的样板。当然，习课堂也不是十全十美的。他们说这是习课堂的 1.0 版向 2.0 版过渡。我相信随着研究的深入，习课堂 3.0 版和 4.0 版会更加完美。我相信将来的习课堂既充满了学习任务的挑战，充满了紧张的智力生活，也会充满个性化的学习空间。我相信在未来的习课堂当中会更多地体现人文的魅力，思维的魅力。

[孙双金，江苏省特级教师，江苏省人民教育家培养对象，南京市北京东路小学校长；本文发表于《七彩语文（教师论坛）》2022 年第 8 期，发表有删节；现全文刊出]

习课堂：落实三个理念，力抓六个习惯

管建刚

落实的第一个理念："教师是主导、学生是主体"

这句话每一个老师都能脱口而出。然而，主导者教师究竟干什么，主体者学生究竟干什么。"主导"和"主体"依然困扰了无数的老师。

以企业为例，董事长总经理们是主导者还是主体者？主导者。他们是企业的管理者，管理者手里有权，主导着企业的发展方向。有权才能主导么。企业里的工人是什么角色？主体。企业的发展要有工人来干活。没人干活哪来产品？没有产品，企业什么也不是。工人是主体，主体是来完成生产任务的。工人干什么活？工人是真干还是假干？装样子干还是铆足了劲儿干？作为"主导者"的管理者要去管这些事儿。再以教育为例，教育局是当地教育的主导者还是主体者？主导者，教育局是管理者，管理者就是主导者。教师是当地教育的主导者还是主体者？主体。没有教师便没有教育。教师在教育岗位好好干，努力干，当地教育就有希望。不是所有的教师都会好好干、努力干，于是需要教育局这个"主导者"来组织管理激励。

"主导"干"主导"的事，"主体"干"主体"的活。主导者要干的活主要有两项：一、布置任务；二、组织管理激励。"主体"努力干好"主导者"分配的任务。教育局说要提高课堂教学效益，不是教育局的人去上课，而是要广大教师在课堂里提高效益，广大教师才是主体。教育局的人24小时不休息进课堂上课，也不能把一个地区的教学效益提高多少。教育局出规划、出方案，组织管理激励教师干得投入、干得起劲。到这里，可以给"主导"和"主体"下一个绝不阳春白雪的定义：管理者就是主导者，管理者手里有权，有权的人才能主导。主导者要布置任务，要组织管理激励主体完成好任务，必要时示范一下、点拨一下。

课堂的主导是教师，课堂的主体是学生。教师的"主导"在哪里呢？一、给学生布置学习任务，即学生"学"什么、"习"什么。二、组织管理激励学生完成好学习任务。学生在"学"和"习"的过程中是不是用心、是不是专心、是不是开动脑筋、是不是全力以赴，要老师组织、管理、激励和示范。背课文，学生有点畏难，老师示范背一遍，那就是很好的管理和激励。"给学生布置学习任务"是一份专业的"活"，于是我们组织团队开发了习课堂任务单。

落实的第二个理念："把课堂还给学生"

"把课堂还给学生"这句话每一个老师都耳熟能详。把课堂的什么还给学生？课堂的时间。还给哪个学生？每一个学生。

课堂效率＝课堂工作总量÷课堂时间。这个"课堂工作总量"，不是指老师干的活而是学生干的活，即，课堂效率＝课堂任务总量÷课堂时间。一堂课的课堂效率，不是看优等生的，而是看全体学生的，班级是一个整体。课上，一学生站起来回答3分钟，要特别关注其他49个同学的3分钟有没有效率；一学生起来朗读3分钟，要特别关注其他49个同学的3分钟有没有效率。回答、朗读的学生是有效的，另外的49个同学处于可听可不听的状态，那么课堂有效率只有2%。习课堂关注的不是起来回答、朗读的2%，而是坐着的98%的49个在干什么，是否在有效学习。

习课堂认为，一节课不是40分钟。一个班级50个学生，每个学生都有40分钟。一个班级50个学生，时间总量是2000分钟。老师备课多花了20分钟，让课堂节省了5分钟。划得来吗？划得来。一个班级50个学生，每个学生都节省了5分钟，即$50×5=250$分钟。扣除老师的20分钟，时间总账赚了230分钟。算这笔账，我们很容易明白课堂不是"一个"学生的，而是"每一个"学生的，每一个学生都有40分钟。

课上"学霸"小明回答3分钟，"学霸"小红朗读课文5分钟，"学霸"小林发言5分钟，"学霸"小新积极提问3分钟……加起来正好40分钟，是不是把40分钟的课堂时间全还给学生了？错了，错了。时间只是还给"单个"的小明、小红、小林、小新，而不是"全体"。50个人的课堂时间总量是$50×40=2000$分钟，不是40分钟。

"把课堂还给学生"就是要把"课堂时间"还给"每一个"学生，"每一个"才是关键词，才是习课堂的使命。这5分钟自由读，每个同学都在读，有效时间为$50×5=250$分钟。这8分钟，每个同学都在写，有效时间为$50×8=400$分钟。面向全班的"每一个"，面向40个、50个学生的课堂时间，课堂效率就会发生根本变化。习课堂用齐读、自由读、师生对读等替代"指名读"，习课堂用"书面提问""书面回答"替代"口头提问""口头回答"，就是要从"把课堂时间还给一个学生"变为"把课堂时间还给每一个学生"。习课堂的解决方案很土，土到没有人相信——集体行动。同一个时间内，大家都在读、大家都在背、大家都在写。老师的职责是组织、是管理、是激励，让班级里的学生成为一个有组织有纪律有奖惩的学习共同体。教学不能只关注尖子生、积极主动的学生，那不公平且整体效率低下。人人有机会，人人动起来，从这个意义上讲，公平就是效率，公平就是最大的效率。

70%的课堂时间还给每一个学生。

落实的第三个理念："学而时习之"

"学而时习之"，这句话每一个老师都倒背如流。这里的"习"不是简单的"温习"。"学而时习之"的"学"，"学而时习之"的"习"，是一组"学""习"关系。孔子告诉大家，"学"了要"习"，要"时习"，经常"习"，时时"习"，反复"习"，这里的"习"，是"练习"的"习"。在老师那里学钢琴，学了1小时，回家要继续练习5小时、8小时，才能弹好；在老师那里学跳舞，跳了1小时，回家继续练习5小时、8小时，才能跳好。课上，"学"了5分钟，要"习"10分钟、20分钟，"学"是重要的，比"学"更重要的是"习"，至少，在时间安排上，"习"的时间更长，这才是"学而时习之"。

如此理解的"学而时习之"，也跟美国缅因州国家实验室得出的"学习金字塔理论"一致。"学习金字塔理论"认为，以听讲为主的教学，两周后的知识保留率只有5%；以阅读为主的学习，两周后的知识保留率只有10%；以声音、图片为主的学习，两周后的知识保留率只有20%；以示范、演示为主的学习，两周后的知识保留率是30%；以小组讨论为主的学习，两周后的知识保留率是50%；以实际演练和做中学为主，两周后的知识保留率是75%；以马上应用或转教别人，两周后的知识保留率是90%。"转教别人"实际上是"马上应用"的一种形式。"转教别人"有一个弊端，A教了B，A达到了90%，B只是"听讲"，只有5%。习课堂，每一节课都有一张任务单，任务一和任务三以读背的方式"学"，任务二、任务四以写的方式"用"，人人"学"，人人"习"。学习学习，"学"了就要"习"。"马上应用"的关键词不是"应用"，而是"马上"，立即、立刻、赶快、当堂学、当堂习。有了任务二、任务四的"马上应用"，任务一和任务三的"学",学生才会专注、投入。没有"马上应用",爱读不读、滥竽充数的学生比比皆是。"学而时习之"的"习"也不可能是过了十天半月再去"习",而是要趁着"学"后的热乎劲,马上"习"。

教学目标不应是老师说"我教了",而应是学生说"我会了"。老师的"教了"到学生的"会了",中间有一座必经的桥——"习了"。体育老师讲三天三夜的三步上篮,学生还是不会,必须学生自己不断练习,才能习得。音乐老师讲三天三夜的音符节拍,学生还是不会,必须学生自己不断地练习,才能习得。美术老师讲三天三夜的色彩构图,学生还是不会,必须学生自己不断地练习,才能习得。习得习得,自己"习"才会"得"。学生自己去"习",当然有错;儿童有错的权利,儿童还有纠错的权利,也只有在纠错中儿童才能实现真实的成长。

力抓的第一个习惯:一边抄一边记

很多学生抄写词语,只是为了完成老师布置的作业,而不是为了记住。要默写词语了,再拿起书来读啊记。一番事情偏花了两番时间。减负的本质是减少时间的投入,学生能腾出时间说说笑话、发发呆。习课堂要求当堂抄写、当堂默写,学生抄完后马上默写,从而强化学生一边抄一边记的习惯。有的老师说,当堂抄写、当堂默写错得太多了。对,一边抄一边记的能力还没有练出来嘛。能力总要从"小白"起步的。第一次当堂抄写、当堂默写,8个错了5个,第二个月错了4个,第三个月错了3个,第四个月只错了2个。一个学期后,学生抄写后就默写,正确率跟以前看后再默一样一样的,甚至更高,专注力训练出来了。听写词语,习课堂还建议:第一个月,每次报1个词语2遍;第二个月,每次报1个词语1遍;第三个月,每次报两个词语2遍;第四个月,每次报两个词语1遍;第五个月,每次报3个词语2遍……一年后,老师一口气报五六个词语,学生能瞬间记住,默出来。工作交往中,时有介绍一堆人的,这就要有"一边听一边记"的瞬间记忆力。张冠李戴是社交大忌。当堂听写的瞬间记忆力训练，不只有益于学习，也有益于社会交往。

力抓的第二个习惯：一边读一边记

习课堂的任务一和任务二是一组对应关系，任务三和任务四也是。学生以"读、背"的方式"学"任务一和任务三，"学"了以后马上以"写"的方式完成任务二和任务四。学生做任务二、任务四，习课堂强调"看书不作业，作业不看书"。如第一课时任务四的课文填空，不许学生一边翻书一边填写，刚刚关键段、关键句甚至关键词都反复读过了。允许学生翻书填空，任务一、任务三的"读"就会有口无心，读了跟没读似的。每一节习课堂，老师都用"看书不作业，作业不看书"来要求、来训练，"一边读一边记"习惯养成了，答题的速度一定快了，不用再去翻书了，答题的正确率也上升了，刚才读关键句段用心了。习课堂，每一天的任务一和任务三，都要训练学生"一边读一边记"的能力，能力要一天天一课课地训练，习惯要一天天、一课课去培育。一两年后，"一边读一边记"的能力出来了，又在每一节课上使用，学生到了初中、到了高中，能大大减少无效阅读、无效学习。"一边读一边记"必然专心，"专心"的习惯也能同步养成。这是一个终身学习的时代。新知识的学习首先用到的能力叫"一边读一边记"。都说年轻是学习的黄金时代，年轻的优势不只体力好，还有记忆力。"一边读一边记"的习惯有了，"一边读一边思考"的训练就简单了。"一边读一边记"都没扎实，所谓的"请大家一边读一边思考"，大都是糊弄人的。

力抓的第三个习惯：有效使用时间

习课堂，每一节课都用5—8次闹钟，每一节课学生都跟闹钟为伍，每一节课都在一次又一次的规定时间内完成任务，一学期又一学期，一学年又一学年，学生的时间意识不一样了。人与人之间的差距不是智商也不是情商，而是对时间的把握。每一节习课堂都会使用5—8次闹钟，闹钟把40分钟时间切割成了5—8段，每一段时间里都有各自要完成的读、背、写的任务，时间的紧张感、紧迫感出来了。自由读课文5分钟，习课堂要求"时间不到，朗读不停"，读好每一秒钟。习课堂不会说"大家自由读课文两遍"，读得快的学生两遍读完了无所事事、浪费时间了，等待中浪费时间成了天经地义。习课堂上，任务二、任务四学生在规定时间内提前完成了任务，要背诵后面的"奖励题"。每一节课上背诵一两句，一学期下来，学生的积累量会把自己吓到。习课堂认为，比积累语言更宝贵的是学生明白了这些零零碎碎的一分钟两分钟甚至半分钟，积少成多，居然可以干成一件大事。时间的把握能力有一个很重要的衡量标准——是否能使用零碎时间。大家都会把零钱存起来，一块钱也是钱；零碎时间，很多都扔掉了。常有朋友提醒我早点睡觉，晚上不要写东西到太晚。我写了20多本书，主编了30多本书，但我从不"开夜车"。时间哪里来？零碎时间。飞机上读写、动车上读写、等开会时读写，车门两侧都塞了书，车里等人时也读书。

力抓的第四个习惯：独立作业、快速作业

没有养成独立作业的习惯，学习就是条死路。独立作业的习惯不是天生的。有的家长重视，每次回家作业都在训练学生的独立作业。有的家长不重视，也不明白怎么训练，结果孩子作业不是拖拉就是不独立（如在家长的"指导"下完成）。习课堂，任务二、任务四两次当堂作业，两次在老师的眼皮底下独立完成作业的训练，老师反复强调、反复表扬独立完成的，哪怕有错也不去看别人的。"限时作业"是训练作业速度的好办法。快速作业的能力和习惯，几乎决定了今天的学生的幸福指数，不，还决定了家庭生活的幸福指数。作业速度最好的训练办法是"限时作业"。什么时候作业速度最快？考试。因为考试"限时"。每次作业都限时就能训练学生的作业速度。习课堂每次做任务二、任务四都会有闹钟，一到时间，闹钟就会叮当直响。每次答题前，老师都要进行一次课堂组织，学生不准抢答，不要提前答，老师说"开始"，所有人才能动笔。所有人同时起跑，跟时间赛跑，跟同伴赛跑。老师说，任务二我花了7分钟，你6分59秒完成，说明你战胜了老师。那是跟老师赛跑。规定时间完不成的都算错。刚开始，班上的"拖拉王"，这个月课间再给5分钟，下个月课间再给4分钟，下下个月课间再给3分钟……作业速度、独立作业如此重要，重要的课堂却几乎不管，这怎么也说不过去。

力抓的第五个习惯：抗干扰做事

习课堂上，提前完成任务二、任务四的学生，会大声背奖励题。有人提出，出声有利于背诵的同学，但不利于写作业的同学。人与人间的差别在八小时之外。八小时之外的时间不大可能是整块的，也不大可能是安静的。课间订正作业怎么可能没干扰？在家里学习时，爸妈打个电话就嫌吵？高铁站、动车上看书，怎么可能没吵闹声？除了看得见、摸得着的干扰，还有内在无形的、看不见摸不着的干扰。表面的干扰都无法抵抗，心灵的干扰往往让人在不知不觉中缴枪投降。先完成任务出声背诵奖励题，那声音是在提醒速度慢的，你看已经有人完成了，加油；还制造了可控的干扰环境，训练学生的抗干扰能力。所谓"可控的"，有学生的背诵声音特别尖锐，干扰太大，老师提醒其适当轻点。学生在可控的干扰下都无法专心作业，那么课间订正作业、课间个别辅导作业都是白扯。孩子看电视，你喊他他都没有听见。一专心，别的声音就不入耳了。习课堂强调"专心"，读书要专心，作业要专心，专心到外部有什么声响都影响不了。一次习课堂教研，上到一半，外面响起一阵鞭炮声，听课老师都惊了一下，我马上回顾教室四周，没有一个学生转头循着那鞭炮声的方向看，多专心啊。任务一、任务三的自由读、齐读，要强调学生眼睛不离开书本，老师走过你身边，眼睛不离开书本，有不明白的地方，手举着，眼睛依然不离开书本。专心的能力、抗干扰的能力谁都知道重要，重要的能力和习惯要在重要的课堂上训练。

力抓的第六个习惯：课前充分准备

每一节习课堂都有四个任务，四个任务保质保量完成，注意，不是指老师保质保量地"教"完，而是指学生保质保量地"干"完，那就是好的习课堂。要做到每一节课上都有80％以上的学生保质保量地"干"完四个任务，不容易。老师要控制自己"讲"的欲望，学生要做好充分的课前准备。上课了才下发任务单，等所有学生拿到任务单，一分钟没了。习课堂强调课前准备，笔要放到位，橡皮要放到位，书要放到位，今天学习《刘胡兰》课，有习课堂书签的，要在课文《刘胡兰》、任务单《刘胡兰》夹上书签；没有书签的，可以在《刘胡兰》那一课折个角。老师说读书、打开任务单，3秒搞定。没有准备好的，拖拖拉拉15秒没翻到，一节课任务单打开2次，语文书打开4次，1分钟没了。不少学校有预备铃，预备铃到上课铃的2分钟，班级里要有小助手，检查同学们的课前准备。"课前准备"要在"课前"做。"课前"没有完成的"准备"，都会占用宝贵的课堂时间。

习惯决定命运。课前做好准备的人，将来工作也能做好工作准备。读书作业能抗干扰，将来工作也能抗干扰。读书学习能用好零碎时间，将来工作也能用好零碎时间……小学是打基础的，习惯是最重要的基础。重要的事情应该在重要的地方做。课堂是教学的主阵地。习课堂的"习"，也是"习惯"的"习"。

［本文是作者在"江苏省第五届统编版小学语文教材主题观摩研讨活动"中的发言；主要内容以《"习课堂"的理念落实与习惯培养》为题发表于《七彩语文（教师论坛）》2022年第8期，发表有删节；现全文刊出］

8.《新作文》习课堂作文课专栏报道

要点·范例·训练：作文任务单的设计与使用
——以统编版语文教材三年级单元习作为例

钱海燕

一、作文任务单的设计

（一）确定习作要点

统编版语文教材三至六年级的每个单元都明确了单元学习语文要素，习作要素也含在其中。如三年级上册第五单元的"仔细观察，并将观察所得写下来"，三年级上册第七单元的"留心生活，把自己的想法记录下来"，三年级下册第一单元的"观察身边的植物，并将观察到的事物写清楚"，三年级下册第六单元的"写一个身边的人，尝试写出他的特点"……管建刚作文任务单研发团队以《义务教育语文课程标准（2022年版）》为引领，以教材中单元语文要素为立足点，从学生的学龄特点出发，梳理并制订了三至六年级各单元习作要点。开发任务单时，把教材中的习作要素转化成为老师能具体操作的，学生能听得懂、学得会的习作要点，见下表。

表　三年级各单元习作要点举例

习作	习作要素	习作要点
三上习作2"写日记"	学习写日记	①日记格式：日期、星期和天气 ②日记内容：当天的事，自己的事，别人的事

续表

习作	习作要素	习作要点
三上习作3"我来编童话"	自己编童话写童话	①编童话故事，要有角色、时间、地点、事件 ②编童话故事，要有三次反复
三上习作8"那次玩得真高兴"	学写一件简单的事	①不同的人，有不同的动作；同一个人，也有不同的动作 ②玩之前、之时、之后，都可以写心里的想法
三下习作1"我的植物朋友"	观察身边的植物，并将观察到的事物写清楚	①看一看，摸一摸，闻一闻……把你观察到的写下来 ②用上比喻、拟人，植物朋友就"活"了
三下习作6"身边那些有特点的人"	写一个身边的人，尝试写出他的特点	①先罗列三五个事例，再写"活"一个事例 ②写语言，写动作，就能写"活"事例

习作要点，就是本次习作需要习得的技能点，一次课不求面面俱到，不求整篇习作都写好，力求把这一两个写作要点练到位，确保每一次习作都做到教有目标、练有目的，即"一作一得"。

（二）甄选习作范例

用范例进行作文教学，是操作性极强的教学策略。范例越多，学生获得的参考信息越丰富，越能举三反一，促进其写作。

在习作任务单的研发过程中，范例的甄选是一项极为重要的内容。习作任务单中的范例区别于一般作文教学中的例文，大多为片段，字数在200左右。一张作文任务单安排了四个范例，任务一、三中各两个，一个任务中的两个范例一般是并列的；任务一、三的范例有明显区分，但也有关联。如任务一的例子是罗列性总写，任务三的例子是详写，从总写到详写，均要体现在范例中。所选范例要典型，也要跟学生生活贴近，可读性强，有的来自课文，有的来自名家名篇，也有学生撰写的优秀作文片段。

范例后面设有一句话——"讲义","讲义"就是藏在例子背后的表达秘密,用浅白形象的语言表述出来,让作文后进生也能一读就懂。如三年级下册习作2任务单"看图画,写一写"中的讲义:多用动词,"图画"变"动画";开口说话,"图画"变"动画"。学生一读就明白,看图写作文时,要写出人物的动作和语言。

(三)设计习作训练

张志公先生说:"几乎可以断言,能够写好一段,一定能写好一篇,反之,连一段话都说不利落,一整篇就必然更加夹缠不清了。"作文任务单上设计的训练,以写片段为主,安排在任务二、四中。作文任务单上的任务一、三是用"读范例"的方式"学"作文,任务二、四是用"写片段"的方式"习"作文。任务一的范例跟任务二的练习,是一组读写练习,练习与范例越匹配,学生习得的可能性越大。任务三、四"学习"另一个写作要点,也是一组读写练习。

如三年级下册习作6"身边那些有特点的人"任务单中任务一的范例:

小吃货弟弟开启了"狂吃模式"。刚刚吃完午饭又拿出面包啃起来。面包刚啃完,他又要吃水果。才吃完水果又嚷嚷着要喝牛奶……一整天,弟弟除了吃,好像就没有什么别的事情。

(讲义:写特点,罗列三五个事例。)

任务二的训练:

围绕中心句,列举三五事例(二选一)	
他(她)真是我们班的运动健将。 _____ _____ _____ _____	他(她)真是难得一见的小书虫。 _____ _____ _____ _____

显见,任务二的"写"是紧扣任务一的"读"而来。任务三的范例是写突出人物特点的一件事;任务四写的训练是从任务二罗列的事例中,选

一件写清楚。两次训练都是写片段，一次概括写，一次具体写，都是围绕人物特点来写，写好这两段，这篇作文难点也突破了。

二、作文任务单的使用

学写作文离不开"多读多写"四个字。用任务单上作文课要完成"读范例——写片段——赏评——小结"这几个步骤，与"多读多写"完全吻合。

（一）读范例

1. 读熟范例——知文本内容

用任务单上作文课，"读范例"是非常重要的一项任务，是作文课的起点、基石。如三年级下册习作4的"我做了一项小实验"任务单中的例2：

我先把清水倒进一个玻璃杯，再把雪碧倒进另外一个玻璃杯。这时，倒有雪碧的玻璃杯里，冒出许多细细小小的气泡，还发出清脆的"哧哧"声，好听极了。然后我把葡萄干分别放进装有清水和雪碧的杯子里。接下来会发生什么呢？

在教学时，老师用课件出示范例，先让学生自由读1—2分钟，再组织齐读。两次读后，人均可以读此范例3遍以上，读书速度快些的，可以达5遍，几遍读下来，学生对范例的内容基本知晓。

2. 读懂范例——明表达形式

范例里面藏着写作密码，让学生解密不是用老师讲授的方式，也是用读的方式。在学生读熟范例后，再安排师生合作读、男女生合作读等，让学生反复触摸、咀嚼范例中的文字，从熟悉一段话到关注其中的重点词句，体悟其中奥妙。如三年级下册习作4的"我做了一项小实验"，在自由读和齐读范例后，老师读"先、再、然后"等连接词，学生接读内容。出示的课件中把关键字词"先、再、然后"加红，以提示学生关注。在这样刻意设计的读中，让学生明白，写好一次实验要按先后顺序。再如三年级上册习作3"我来编童话"任务一中的例2：

到了春天，泥塘周围长出了绿油油的小草。青蛙又站在牌子旁边，大声吆喝起来："卖泥塘喽，卖泥塘!"一只野鸭飞来了，看了看泥塘，说："这地方好是好，就是塘里的水太少了。"野鸭没有买泥塘，飞走了。

教学时把范例内容转化为表格：

角色	青蛙　野鸭	时间	春天	地点	泥塘
事件	青蛙卖泥塘，野鸭嫌水太少，没有买。					

看着表格师生合作读，教师读"角色、时间、地点、事件"，学生读相关内容，让学生读懂编写童话必须具备的这几个要素。

3. 读透范例——悟写作要点

用作文任务单上作文课，读熟范例是第一步，读懂范例是第二步，第三步要把范例读透。读透范例还是要让学生读，变老师讲授习作要点为学生读习作"讲义"。讲义是浓缩的一句话，来自本次习作的目标，来自范例中的习作密码。如三年级下册习作3"中华传统节日"任务单中的两个讲义：用有趣的传说写习俗；用自己的故事写习俗。这句"讲义"学生一读就能明白，在上课时，让学生多读几遍，有时还要背一背。当然，读例子和读讲义也要融合，读完例子读讲义；读完讲义也可再回读例子。在反复读的过程中，把范例读懂读透，水到渠成地把讲义"点"出来，悟透本次习作的要点。

(二) 当堂练

1. 当堂训练，重技能

美国缅因州国家实验室研究成果——学习金字塔理论告诉我们，用"教别人"或"马上应用"的学习方式，可以记住90%的学习内容。"读"了马上"写"，"学"了马上"习"，是用作文任务单上作文课的基本方式。任务二、任务四都安排了写的训练，每次练写7—8分钟，上课时用倒计时闹钟让学生限时写。两次写的训练与任务一和任务三范例的"读"密切相关，是十分匹配的"读写结合"。练习主要突出训练写作技能，而不是写作内容。如三年级上册习作3"我来编童话"任务四，目的是训练用"三次反复"来编写童话这个要点，至于选国王、啄木鸟还是玫瑰花为主角，并不是重点。为了避免学生在这些上面纠结浪费宝贵的课堂时间，训练的故事题目、故事经过等已提供在任务单上，如下所示。

故事题目《骄傲的玫瑰花》

故事经过	反复三次	
玫瑰花觉得自己最美，别的花都比不上它	1. 它和杜鹃花比美	玫瑰花昂起头，斜眼看着杜鹃花，说："瞧我，长得那么红艳，比你美多了。"
	2.	
	3.	

在第二课时写整篇作文时，为让学生提笔就有话写，老师可再引导：编故事时，主角可以自选，情节也可以自编，用上"反复三次"来编即可。

2. 当堂点评，重欣赏

运用作文任务单上课，除了读熟范例，当堂训练之外，对优秀作业进行赏评也是必不可少的一个环节。学生练写时，老师不断在课堂里走动巡视，发现写得好的，竖起大拇指夸一夸；发现遇到困难的，拍拍肩膀鼓励一下，适时提醒学生看作文任务单上的"写作小帮手"；更重要的是选出优秀作业，当堂进行赏评。这里的赏评也区别于传统作文课上师讲生听的评，而是以读学生的优秀片段为主。首先请写得优秀的学生上台，在全班学生面前朗读片段，然后老师选取其中跟本次写作要点相吻合的句子，带领全班学生一起读背。

三年级上册习作5"我眼中的缤纷世界"任务二的要求：用两三句话写一种自己观察的小动物，可以写看到的、听到的，也可以写摸到的。以下是当堂赏评实录：

师：请杨泽文同学上来分享他写的片段。

师生掌声欢迎杨同学上台。

杨同学（大声读所写片段）：我家养的小仓鼠叫小白，它长着雪白的毛，粉色的鼻子，只要递给它吃的东西，它就很通人性的，跑到笼子边。它摸起来像一团柔软、温暖的小绒球。当它饿的时候就会发出吱——喳——的叫声，很刺耳。当它吃饱的时候，就会发出叽——啾——的声音，好像在向我撒娇呢！

师：请跟我读——它摸起来像一团柔软、温暖的小绒球。

生跟读这句话。

师：他写了摸到的小动物的毛。

师：请跟我读——当它吃饱的时候，就会发出叽——啾——的声音，好像在向我撒娇呢！

生跟读这句话。

师：跟我背这句话。

生背这句话。

师：他写了听到的小动物的叫声。

学生在掌声中上台分享是对他的肯定，老师带领全班读背他写的句子，是对他的再一次肯定。最后，老师用一两句话点评他写的片段，对这位同学而言，是第三次肯定，对于全班同学来说，也再次强化了此次写作训练的要点。

（三）放手写

一次习作一般分两课时完成，作文任务单适用于第一课时，通过"读"范例和仿照"写"初步掌握本次作文的一两个习作要点，这个要点是技能点，而不是知识点。能力要通过反复训练才能掌握。第一课时完成的片段，老师要批改、评讲，学生要订正、修改，再进行第二课时的整篇习作。两课时的批改、讲评都围绕本次的习作要点展开。第一课时完成的作文任务单，一般不返还给学生，避免学生把完成的片段拼凑、增补成为作文。第二课时写作文，主要运用第一课时任务单训练所获得的写作技能，一般有两种方法：一种是把第一课时所写内容回忆并加工完成一篇作文；另一种是用第一课时习得的技巧，另选内容完成一篇作文。在对整篇习作进行评价时，只要本次的习作要点掌握了，此次作文就可评为"优秀"。

用了任务单后学生的作文马上大变样，既不科学也不现实。一张任务单，一次作文课，学会一两个写作要点，小步走，不停步，让班级90%的学生都跟得上，学得会。作文任务单、家常作文课，功在每一课，功在锲而不舍。

（钱海燕，苏州市吴江经济技术开发区花港迎春小学教师；本组文章均由《新作文》2022年第7期报道）

单元习作任务单的开发及设计要义

徐志凯

一、单元习作任务单的设计理念

1. 一课一得

单元习作任务单秉承"一课一得"的设计理念，每一次习作对应一个写作知识点，将习作目标聚焦，让学生将本次习作点吃透、用透，使习作知识真正内化为自己的习作本事。

以统编版六年级上册单元习作为例，设计习作目标分布如下表所示。

表　统编版小学语文六年级上册单元习作及目标

习作	习作题目	习作目标
习作1	"变形记"	转换视角，学习用对比手法写出变形后的经历

续表

习作	习作题目	习作目标
习作2	"多彩活动"	学习点面结合；用点面结合写场面
习作3	"＿＿让生活更美好"	运用反差举事例的写法突出更美好
习作4	"笔尖流出的故事"	画波折图，学习一波三折的写法
习作5	"围绕中心意思写"	从不同事例围绕中心意思来写
习作6	"学写倡议书"	1. 倡议书的格式；2. 倡议内容有针对性
习作7	"我的拿手好戏"	"正面描写"和"侧面烘托"相结合
习作8	"有你，真好"	学习使用第二人称"你"来写

2. 任务驱动

真实的任务情境，才能让学生全心全意地投入，才是真学习。将单元习作的落点打造成"读＋写"的任务驱动模式。习作任务单的任务一和任务三是"读"的任务，任务二和任务四是"写"的任务。任务一的"读"和任务二的"写"是一组"读写"对应关系；任务三和任务四也是。通过"读"和"写"的任务，学生在范文与习作之间建立关联意识，任务是叫人做事的，能力在"做"中得以发展。

3. 时间管理

每一个任务都对应具体的完成时间，采用计时器这样的管理工具，赋予了学生"在规定时间内完成任务"的无声指令。严格的时间管理不仅保证任务的完成，还能培养学生的时间观念。70%的时间还给学生读和写，既让学生有充分的学习时间，又保持了适度的紧张状态。一节课分成四个任务，每个任务的时间就相当紧凑，一节课不觉得长，效率得到明显提升。

4. 面向全体

习作任务单任务一和任务三的"读"，以齐读、合作读为主，基本没有指名读；习作任务单的任务二和任务四的"写"，每一个学生都在写。这是真正体现"面向每一个"的课堂教学理念。每个儿童都能在读中有所得，优等生读了有创新，学困生读了有启发，人人都在学，人人都在生长。当堂练笔也是如此，读了马上练，让每一个孩子都有练笔的机会，都有训练的氛围感。通过一张任务单以"点"带"全"，让每一个儿童在课堂上都有事可做。

二、单元习作任务单的开发样态

1. 突破难点

单元习作往往对应一个单元主题，主题很大，学生往往无所适从。单元习作任务单需要帮助儿童突破难点，让每一个儿童更好落笔。譬如，统编教材六年级上册习作"有你，真好"，写什么不难，难的是学生在写作过程中会忽略用第二人称"你"来写，由此，任务单的落点就定在了用第二人称"你"来写。这一靶心贯穿整张任务单，借助任务单，让孩子的写作视野得到了突破，也就为接下来的动笔提供了保障。好的写作教学就是在教学过程中针对儿童的习作难点进行针对性的突破，让儿童从无话可说走向有话说。

2. 例子先行

习作任务单需要借助例文的支架，让学生习得本次习作的"核心知识"。这个支架是什么？习作任务单的回答是：例子。以习作"多彩的活动"为例，一个活动中包含了许许多多的人，应该怎么写？那么例文的落点就定格在这里。我们通过例文挖掘出三种场面描写策略："平均用力写"——将场面中出现的人物挨个描写来达到写场面的效果；"特写镜头"——用力、着重描写场面中的某一类人来描绘场面；"侧面描写"——通过周围人物或者环境来烘托场面。学生一读例文就能明白"如何写"，具有很强的操作性。教师对例文中习作知识的精准开发，或者说，习作知识找到了精准的例文，解决了孩子在习作中碰到的问题。

3. 提供语境

单元习作任务单的"读"和"写"为学生提供了具体的语境。例子多是学生作文片段，学生读了容易产生共鸣，"读"从学生的生活中来，"写"到学生的生活中去。以六年级上册习作一"变形记"为例，要让学生转换视角写，任务单的"读"为孩子提供了变成大树和蚂蚁的所见；变成小提琴的经历。任务单的"写"为儿童提供了这样的训练：变成鱼在水里游的所见；变成一支笔的经历。学生借助语境转换视角，展开想象，无须再为选材而冥思苦想。

4. 搭建梯度

好的写作训练是有步调的，循序渐进的。以六年级上册习作"有你，真好"的任务单为例，任务一和任务二指向"罗列几个真好的事例"；任务三和任务四指向"详写一个真好的事例"。在这个过程中，训练学生由"散"到"整"。从多个事例走向单个事例，这就是训练的梯度。单元习作任务单还为学生搭建了思维的梯度，譬如六年级上册习作4"笔尖流出的故事"，训练学生把故事写得有波折。"开心——难过——开心"这是最简单、最容易看得出的波折。但是任务单为孩子提供了"通过环境写波折的心情"这样的视野，这就打开了儿童的思维，习作认知走向一个新台阶。

三、单元习作任务单的设计步骤

1. 搭建任务框架

单元习作任务单有四个任务，任务一和任务三读例子，任务二和任务四写片段。任务一和任务三的"读"分别对应任务二、任务四的"写"。任务一和任务三的反复"读"，读懂片段内容，读出习作方法，打开写作思路。任务二和任务四的两次"写"，为的是"学了马上用"。训练是内化知识的最好方式，也是检验学生是否掌握本次习作要点的有效方式。单元习作任务单还有"读讲义"，这一句简单易懂的"讲义"是单元习作任务单的精华所在，是从复杂到简单的呕心沥血。单元习作任务单还把"教师当堂点评"改为"教师当堂点赞"，"点评"和"点赞"的一字之差，也是习作任务单的务实求真的体现。

2. 确定讲义内容

单元习作任务单的落点应该在儿童习作的困难处，也就是单元习作任务单中的"讲义"。以六年级下册习作"家乡的风俗"为例。本次习作对六年级儿童而言，写出风俗是什么、介绍风俗不难。难的是风俗的历史背景与儿童之间的隔阂，针对这一问题，教材习作要求鼓励儿童查阅资料，但不少儿童面对资料，往往会束手无策，或者依样画葫芦，这就陷入了"抄袭"的怪圈。再有，不少孩子在写作过程中往往写了一大堆别人的风俗，自己的真实感受少之又少，似乎"参与度"不高，缺乏读者意识。针对教材及学生的痛点，本次习作的"读讲义"定为：（1）用自己的话"翻译"资料语言；（2）写一个故事，讲一段风俗。这两点也符合单元习作任务单"一作一得"的设计理念，帮助学生吃透本次习作"重心"。

3. 寻找习作例子

如果说"讲义"是一把钥匙，那么任务单的"例子"就是一扇扇门，只要用钥匙打开对的那扇门，就会开启儿童习作的新视野。怎么寻找合适的例子呢？第一步，请优等生自由写单元作文。第二步，根据单元作文要点，批阅和筛选优等生中最典型的作文。第三步，截取优等生习作的片段，并再次根据单元作文要点进行精心修改，使之更加匹配。在这个过程中，教师要考虑几点：例子的视角是否儿童化；语言是否符合儿童审美；是否一眼就能看出例子和"讲义"之间的关系。

4. 确定练笔训练

任务二和任务四的训练是根据"讲义"来确定的。以六年级下册习作"家乡的风俗"为例，"读讲义"定为：（1）用自己的话"翻译"资料语言；（2）写一个故事，讲一段风俗。任务二和任务四的训练也要与之对应。因此在任务二，我们给学生提供了资料语言，训练学生根据资料语言"翻译"成自己的话。在任务四，我们让学生写一个自己参与风俗活动的故事。"读"的是什么，"练"的就是什么。"读"与"练"相互联结，为促进学生的写打开了大门。

5. 转变评价机制

心理学家盖兹说得好："没有什么比成功更能增加满足的感觉，也没有什么东西比成功更能鼓起进一步求成功的能力。"小学生作文，从本质上看，也是一种创造，成文一篇实属不易。因此，教师的评价应该以激励为主。习作任务单把"教师当堂点评"改为"教师当堂点赞"，除了这一原因，还有当堂点评对于大多老师来讲极难，一旦点评不到位，可能产生的负面效应以后就很难消除。老师可以自我纠正，但是纠正一次两次是可以的，如果时不时纠正那就难了。而"当堂点赞"几乎没有副作用，并能极大地激励作者和作者的伙伴。

（徐志凯，苏州市吴江区震泽实验小学教师）

习课堂单元作文任务单"六要"

张登慧

有幸参与管老师团队三年级单元作文任务单的研发，从最初的六稿通过审核到后来的两稿基本符合要求，我体会到了任务单研发带来的乐趣和成就感，也了解了作文教学要遵循的六个基本要点。

一、目标要准

研发之前，聆听了吴勇老师关于统编习作教材的专题讲座《同类贯通，瞄准靶心，精准开发》，吴老师带领我们梳理了三到六年级每个单元习作的精准教学点，并提示我们注意前后勾连，逐步训练习作能力。基于此，习课堂团队深入研读教材，对每个年级每个单元的习作教材，进行了目标定位，要求研发团队以梳理好的各个单元的习作要点为依据，设计任务单。在设计任务单之前，团队汇聚集体智慧，精准定位了教学目标。

以我参与的三年级上册第四单元"续编故事"为例，习作要点指明，本次习作"要根据细节来推测情节"，我结合单元教材页和提示语，研读了教学参考，把本次习作目标定位为："仔细观察，借助图片和文字，续编故事；运用修改符号修改明显错误。"这两个目标的确立，都是参照单元语文要素、研读教材、借助专家团队的研究成果定位的，确保教学目标没有偏离。

二、内容要简

目标确立了，我以为任务单研发起来就容易了，哪知道，这才是万里长征第一步。为了完成"创编故事"这一教学目标，要选择哪些教学内容呢？审题？选材？如何续编？我再一次研读了教参，参考了各种资料，将教学内容确定为根据图画和文字内容猜情节，把故事写完整。本次习作就教"如何写完整"。

那么，"写完整"应该从哪些方面入手进行指导呢？结合教学参考，我选定了"借用插图"续编"商量的话语"，借用"文字"和"联系生活实际"续编"过生日的情景"。"商量的话语"这部分，着力于指导写好对话；"过生日的情景"着力于指导写好动作。有了这个设想之后，我颇有些沾沾自喜——"情节"完整了，人物开口了，场景也写好了。我信心满满地设计好了任务单发给习课堂单元作文任务单的总负责人管建刚老师，还是被"打"回来了：一节课四十分钟，三年级的孩子既学习语言又学习动作，学不会。一句话点醒了我：作前指导的内容要简。于是我放弃了"教动作"这一教学内容；就以语言为抓手，着力于解决"跟谁商量""怎么商量""商量的结果"，过生日的时候，依然以"语言"为抓手："哪些人来了""说了些什么话""李小明会说些什么""李小明的家人会怎么说"。一节课仅仅以语言为抓手，把"语言"指导分解成几个细小的落脚点，精准指导。内容减了，内容就

"简"了；内容"简"了，落点就小了；落点小了，指导就细了；指导细了，学习就实了；学习实了，难点就破了。

三、范例要新

每一个单元作文任务单都要有四个例段。孩子们在读的过程中，学习例段中藏着的写作密码，学以致用。可以说例段是任务单的灵魂。例段集中体现了一节课要教的写作技法，承担着打开思路、素材引导、写法指路等功能，既要贴近学生的生活实际，又要不落俗套。

我在设计三年级下册第六单元作文任务单"身边那些有特点的人"时，发现教材页中出现的"小书虫""故事大王""乐天派""智多星""运动健将"等词语可以帮助学生"寻找特点"。我觉得"小书虫"和"运动健将"这两个特点最好写，就选用了这两个特点编写例段。管老师不同意，给出修改意见：事例太普通，不利于打开学生的思路，建议换两个事例；任务二的"写"，举两个学生熟悉的事例比如"爱运动""爱读书""爱唱歌"等，让学生练习。原来，要站在学生的角度去设计编排例段，要选取新颖的例子帮助学生打开思路，同时要引导学生从生活中选材去完成片段。新鲜的例文，让孩子恍然大悟：原来还可以这样写！

四、训练要实

每一个任务单中都有两次片段写作。从练习的次数可以看出习课堂的作文教学理念：作文不是"指导"出来的，是学生在一次一次地"写"的实践中练出来的。任务单严格控制老师的讲，80%的时间还给学生读例文、读讲义、写片段，就是为了落实训练。训练的落实，首先是时间上的保证，其次是有效的写法指导。任务单给学生的"写"搭建了很好的写作支架：有例文引路，例文后有一读就懂的写法指导。任务二还特提供了具体的"写"的支架，帮助学生解决"写什么""怎样写"的问题。

以三年级上册第六单元"这儿真美"为例，任务二的设计如下：

先出示四幅图片，分别为秋天的小树林、夏天的西湖、春天的街道和校园后面的小公园，请学生仔细观察。接着出示每幅图的中心句：①秋天的小树林真是一幅五彩缤纷的图画。②六月的西湖真是令人流连忘返。③春天的街道真美。④校园后面的小公园风景如画。再布置任务：看图，围绕中心句，至少选择三种景物，填写在表格里。后面还设计了友情提示："可以多选几个哦。"

以上设计，有具体可见的支架：图片解决选材的问题，"要填写的景物"解决写作内容的问题，给出"中心句"帮助解决"围绕中心选材写"的问题。有着这样的支架，作文训练既有了时间的保证，又有了"指导"的保证，实现了"实打实训练"的目的。

五、指导要精

习作指导课上要讲"写作技巧"。在第一次设计任务单之前，我参考了大量的习作教学课例，发现常规的习作课上，很多老师都是通过小结的方式把"写作技法"讲出来，有些老师为了方便学生记忆，还精心设计了"儿歌""顺口溜"等。看来，写作方法的指导要力求"简洁"。习课堂任务单上的"讲义"，就是常规课堂上老师要讲的"写作技巧"。在编写任务单讲义的时候，我也力求"简洁"，力求用最简单的话语讲清"写作技巧"。可在实践过程中，我才真正明白，"想到"和"做到"之间，隔着遥远的距离。

三年级上册第四单元"续编故事"的第一稿，我最初的讲义是这样的：①结合插图跟文字、联系生活实际，可以帮助我们有根据地续编故事。②利用插图和内容，结合生活实际去推测，续编故事并不难。③把过生日的情景写下来，就像真的在过生日一样。④把人物的语言写下来，就不用担心字数不够啦。管老师又提出了修改意见：作文任务单上的"讲义"，力求简洁，一是讲义不要太多，多了学生记不住，每个任务单两条讲义即可；二是讲义要让学生一读就懂，一懂就会。根据管老师指导，我一次又一次进行修改，最后还是管老师亲自操刀，改为：①商量，让人物开口说话；②过生日，让人物开口说话。前后对比，我终于明白：讲义，要把专业化的、术语化的知识变成学生易于接受的大白话，学生才能一听就懂，一懂就会。习课堂的作文任务单中，每一处讲义都是这样精准简单的大白话。三年级下册四单元"我做了一项小实验"的讲义是：①用"先、再、接着、然后"，实验过程更清楚；②实验对象当人写，实验更有趣。两句话清楚明白地点出了写好实验的方法。学生一读就明白，一明白就能用。习课堂作文任务单的讲义告诉我：要精准指导，把有限的时间用在刀刃上，切实帮助学生解决写作问题。这正是我一直以来求而不得的高效习作指导课。

六、点评要"赞"

课堂激励是习课堂的显著特点之一。习课堂单元作文课的激励，在点评环节体现得尤为突出。习课堂的点评主要是点赞。学生大声朗读自己的片段，读到写得好的地方停下来，老师点赞、表扬，学生齐读，简单的方式却带给学生极大的荣誉感和尊严感，激励着学生在习作课上用学到的方法更加投入地写作。怪不得有的老师称这一时刻为"星耀时刻"，多么贴切呀！

习课堂作文片段的点赞，不是多点开花，不是见哪儿好就夸哪儿。习课堂的点赞，具有很强的针对性，即针对"写作要点"点赞。"我做了一项小实验"要求用上"先""再""接着""然后"写清楚实验过程，那点赞就针对这一个写作知识点进行，学生达到了这一目标，都可以为自己或为同伴点赞。学写倡议书的第一个写作要点要求"写清楚为什么倡议，倡议什么"，学生习作达到了这个要求，老师就大张旗鼓点赞。老师赞的和课堂教的，完全一致。学生知道该学习什么，该怎么练习，该怎么对照习作要点自评或者互评，真正体现了教学评的一致性。老师教得清楚，学生学得明白。这样的点评，以"赞"为主，赞得真实、赞得客观，赞得有理有据。附带说一句，习课堂倡导"点赞"，淡化"点评"，还有一个不得已的苦衷：当堂的恰如其分又精准到位的点评，对大量的一线老师来讲，太难了！

一张小小的作文任务单，背后所呈现的作文教学理念，需要花很长的时间去实践、揣摩、品味。感谢这样一次研发的过程，带给我理念上的冲击和行动上的思考，也给了我一次自我反思、自我突破的机会。

统编版五年级上册习作3 "缩写故事" 任务单

赵加春

预习：读熟民间故事《田螺姑娘》。

任务一 （约10分钟）

例1

原文	略写	改写
海力布对小白蛇说："可怜的小东西，快回家去吧！"小白蛇说："敬爱的猎人，您是我的救命恩人，我要报答您。我是龙王的女儿，您跟我回去，我爸爸一定会好好酬谢您。我爸爸的宝库里有许多珍宝，您要什么都可以。如果您都不喜欢，可以要我爸爸含在嘴里的那颗宝石。只要嘴里含着那颗宝石，就能听懂各种动物说的话。"海力布想，珍宝我倒不在乎，能听懂动物说的话，对一个猎人来说，实在是太好了。他问小白蛇："真有这样一颗宝石吗？"小白蛇说："真的。但是动物说什么话，您只能自己知道。如果对别人说了，您就会变成一块石头。"	海力布救了小白蛇。小白蛇告诉海力布，龙王有一颗能听懂动物说话的宝石，但听到的话不能对别人说。	小白蛇告诉海力布，她是龙王的女儿，为了感谢海力布的救命之恩，小白蛇说她家有许多珍宝可以送给海力布。小白蛇还告诉他，龙王嘴里含着一颗宝石，谁含着那颗宝石，谁就能听懂各种动物的话。不过动物说的话只能他自己知道，如果对别人说了，他就会变成一块石头。

◎自由读——齐读——师读原文、男生读略写、女生读改写——读讲义。

讲义：246字缩写成46字，这叫"略写"；246字缩写成122字，这叫"改写"。

例2

缩写《牛郎织女》（一）		
情节	主次	缩写方法
1. 牛郎身世	主要	改写
2. 兄弟分家	次要	略写
3. 老牛说话	主要	改写
4. 仙女下凡	次要	略写
5. 认识织女	主要	改写
6. 结为夫妻	次要	略写

◎自由读——齐读——女生读内容、男生读详略——齐读缩写方法——读讲义。

讲义：怎么缩写？次要情节用"略写"，主要情节用"改写"。

任务二（约6分钟）

模仿例1、例2，完成表格。

缩写《田螺姑娘》		
情节	主次	缩写方法
独自生活		
捡到田螺		
田螺帮忙		
等待田螺		
勤劳干活		
结为夫妻		

作文好帮手:"改写"和"略写",你分清了吗?

◎学生写片段——优秀表格分享——教师点赞。

任务三(约12分钟)

例3

原文	情节	改写
海力布听到这个消息,大吃一惊。他急忙跑回家对大家说:"咱们赶快搬到别处去吧!这个地方不能住了!"大家听了感到很奇怪,住得好好的,为什么要搬家呢?尽管海力布焦急地催促大家,可是谁也不相信他。海力布急得掉下了眼泪,说:"我可以发誓,我说的话千真万确。相信我的话吧,赶快搬走!再晚就来不及了!"有个老人对海力布:"海力布,你是我们的好邻居,我们知道你从来不说谎话。可是今天你让我们搬家,你总得说清楚哇。咱们在这山下住了好几代啦,老老小小这么多人,搬家可不容易呀!" 　　海力布知道着急也没有用,不把为什么要搬家说清楚,大家是不会相信的。再一迟延,灾难就要夺去乡亲们的生命。要救乡亲们,只有牺牲自己。他想到这里,就镇定地对大家说:"今天晚上,这里的大山要崩塌,洪水要淹没大地。你们看,鸟都飞走了。"接着,他就把怎么得到宝石,怎么听见一群鸟议论避难,以及为什么不能把听来的消息告诉别人,都原原本本照实说了。海力布刚说完,就变成了一块石头。	主要情节	海力布急忙跑回家,让大家赶快搬到别处去。大家感到奇怪,住得好好的为什么要搬家?谁也不相信他,海力布急得掉下眼泪,向大家发誓说的话千真万确,再晚就来不及了。有个老人问他,你让我们搬家,总得说清楚,搬家不容易。 　　他知道着急也没用,再一迟延,灾难就要夺去乡亲们的生命。他想到这里,镇定地告诉大家,今晚大山要崩塌,洪水要淹没大地。他把得到宝石,听见一群鸟议论避难以及不能把消息告诉别人的原因,都照实说了。他一说完,就变成了一块石头。

◎自由读原文——自由读缩写——师生合作读——读讲义。

合作读:师读原文第一节,生读缩写第一节。

讲义：改写方法——①六句变四句，230字变103字。
讲义：改写方法——②长句改短句，说话句改陈述句。
合作读：师读原文第二节，生读缩写第二节。
讲义：改写方法——①六句变四句，182字变104字。
讲义：改写方法——②长句改短句，说话句改陈述句。

任务四（约12分钟）

完成缩写。

《田螺姑娘》原文	情节	改写
早饭以后，他想试一下，把日常应做的事情——扫地、挑水、洗锅、洗碗筷——故意不做，锁了门，没带午饭就下田耕作了。傍午的时候，他就回家。在回家的路上，他一边走一边想："也许午饭又熟了。" 　　果然，不单单是午饭做好了，地扫干净了，碗筷也洗干净了，不曾洗的脏衣服，也替他洗好，晾在竹竿上了，破的鞋袜，也替他缝好，放在床边了。他想："真是遇到怪事了！"但是他又不敢相信真会有这样的怪事。或许是隔壁的老太太可怜他，偷偷地帮他的忙。他到隔壁去找那个好心肠的聪明的老太太。 　　"老太太，是您给我洗的衣服吗？" 　　"没有，"老太太回答，"我自己还忙不过来呢！" 　　"那——是谁给我做的呢？" 　　"不知道。"说着，老太太又在干她的活了。 　　他奇怪，他想不通。但是几顿饭，做得真好吃，又香又有味道……他想："要是我有个媳妇，天天帮我一起做事，一起干活，有说有笑，那多好呀……"	主要情节	

作文好帮手：①字数变少，句子变少了吗？②长句子改短句了吗？③说话句改为陈述句了吗？

◎学生写片段——优秀片段分享——教师点赞。

总结：1. 读熟原文，主要情节用"改写"，次要情节用"略写"。

2. 改写妙招：①字数变少，句子变少。②长句改短句。③说话句改陈述句。

例文

缩写《孟姜女哭长城》

江苏省苏州市吴江经济技术开发区长安实验小学五（1）班　俞樾

秦朝有位女子，名叫孟姜女。有一天，孟姜女在后院救了一位逃难来的书生，名叫范喜良。他自幼饱读诗书，现在是满腹经纶，学富五车。孟姜女的父母见书生十分优秀，便挑了个良辰吉日，把范喜良招为女婿。谁知，成亲没过三天，就有一队士兵到家里来抓人了。这伙"强盗"二话不说，就把范喜良抓到长城当苦力了。

孟姜女悲愤交加，日思夜想，夜不能寐，决定孤身一人去长城找她被抓走的丈夫。

她翻过了一座又一座高山，跨过了一条又一条河流。经历千难万险，终于来到了长城。她急忙向工人们打听丈夫的下落，却得知范喜良已经累死的噩耗，尸体也已经被填进长城。孟姜女听完，大哭起来，哭了整整三天三夜，连天地都被感动了。刹那间，天阴沉了，风越刮越大，只听"哗——"一声，长城瞬间倒了一大片。范喜良的尸身也露了出来。孟姜女哭着把丈夫从死人堆中给抱了出来。无比绝望的孟姜女选择投海自尽，去另一个世界追随自己心爱的丈夫。

相传，孟姜女是在山海关那里找到丈夫的。因此，人们在那儿修建了一座孟姜女庙，南来北往的人都会去祭拜。

【指导老师：王露露】

附录

田螺姑娘

从前，有个年轻人，独自种着几亩田过活。他每天天还没亮就起床，吃完了早饭，就带了午饭到田里去耕作。直到太阳落山的时候，他才回家自己做晚饭吃。衣服脏了自己洗，鞋袜破了就自己缝缝补补。

有一天，他到田里去耕作，捡回来一个大田螺。那是一个青艳艳像宝玉一样的田螺，他舍不得吃，就养在灶头旁边的水缸里。水缸里的水变得特别清，看不到一点儿污泥。

第二天晚上，年轻人从田里耕作回来，一进门，就看见灶上热气腾腾的，屋子里也收拾得干干净净、整整齐齐。他揭开锅盖一看，饭做好了，菜也做好了。他感到很奇怪，自言自语地说：

"谁做的？……是谁来帮我的忙？……谁进来了？……门是锁着的呀！"说着，他惊讶地向四面找，找不出一个人影来。

"不管他！把饭吃了再说。"说着，他就开始吃饭。饭很香，菜的味道也很鲜美。吃饱以后，他照例把东西收拾一下就睡觉了。往日他是一上床很快就能睡着的，今天却翻来覆去睡不着了。他想："是谁来帮我的忙？"想来想去想不出，直到半夜才睡着。

公鸡叫了，天快亮了，他照例起来，正要淘米煮饭，不料灶上热气腾腾的，灶下的余火还微微红着，原来早饭又做好了。他更奇怪，也有点儿怕，自言自语地说：

"谁做的？……是谁来帮我的忙？……"说着，他惊讶地向四面找，仍然找不出一个人影来。

"不管他，把饭吃了再说。"

早饭以后，他想试一下，把日常应做的事情——扫地、挑水、洗锅、洗碗筷——故意不做，锁了门，没带午饭就下田耕作了。傍午的时候，他就回家。在回家的路上，他一边走一边想："也许午饭又熟了。"

果然，不单单是午饭做好了，地扫干净了，碗筷也洗干净了，不曾洗的脏衣服，也替他洗好，晾在竹竿上了，破的鞋袜，也替他缝好，放在床边了。他想："真是遇到怪事了！"但是他又不敢相信真会有这样的怪事。或许是隔壁的老太太可怜他，偷偷地帮他的忙。他到隔壁去找那个好心肠的聪明的老太太。

"老太太，是您给我洗的衣服吗？"

"没有，"老太太回答，"我自己还忙不过来呢！"

"那——是谁给我做的呢？"

"不知道。"说着，老太太又在干她的活了。

他奇怪，他想不通。但是几顿饭，做得真好吃，又香又有味道……他想："要是我有个媳妇，天天帮我一起做事，一起干活，有说有笑，那多好呀……"

晚上，他一直没有睡着，想着想着，直到公鸡叫了三遍，才想出一个主意，快快乐乐地睡着了。

第二天，他仍旧到田里耕作，可是，没到中午，他就提早回家，他要看个究竟。他正推门，忽然看见一个穿着青衣服、梳着两条长辫子的大姑娘，站在灶前，替他做饭。她看见有人进来，慌慌忙忙地向水缸里翻个筋斗，只听到"扑通"一声，就不见了。

他把这情形告诉了隔壁的老太太。老太太说：

"一定是田螺姑娘来帮了你的忙。"

"怎么办呢？"年轻人说。

"傻孩子！有法子，"聪明的老太太说，"等田螺姑娘从壳里出来了，你把田螺壳藏起来，她就会做你的媳妇了。"

他想老太太的话是对的。他不到田里去耕作了，躲在门口，等田螺姑娘出来。他等着等着，一直等到太阳落山，等到星星满天，还听不到一点儿声音，看不见一丝丝影子。这时候，他的腰也酸了，背也痛了，眼也模糊了，口也渴了，肚子更饿得咕咕地叫。他推门进去，屋子里空空的，饭锅里没一点儿热气，灶下也冷冰冰的。他唉声叹气地自己去做饭。

第二天，他又没有下田耕作，仍然躲在门口等。他等着等着，等到太阳落山，等到星星满天，仍然没有遇到什么。他又只好自己去做饭。

这样，一天，两天，三天……一直等了六天，仍然没有等到田螺姑娘出来。他失望了！

到第七天，他估计田螺姑娘一定是生气了，不再来了，就垂头丧气地背起锄头，到田里去耕作。

一到田里，他大吃一惊，田里的庄稼荒了，到处长着杂草。他立刻精神振奋起来，动手把杂草除掉。这一上午，他干得非常有劲，一直到太阳偏西，才想起回家吃午饭。一进门，样子和七天前一样，灶上热气腾腾的，碗筷干干净净的。这一顿午饭，他吃得特别香，特别有味道。

下午，他虽然在田里耕作，但是心里想念着美丽的田螺姑娘，耕作不如上午起劲了。等他回家，饭已经做好，可是，是一锅烂饭，水汪汪的，一点儿不香，一点儿味道也没有。

第二天，他又躲在门口等，等到太阳落山，等到星星满天，等得腰酸了，背痛了，眼也模糊了，口也渴了，肚子饿得咕咕叫了，仍然和前几次一样，什么也等不到。他只得自己去做饭。

他把这情形告诉老太太。

"唉！唉！田螺姑娘再不会来了！"他失望地说。

老太太想了想，说：

"一定是田螺姑娘试试你的心，看你到底是不是爱干活。谁家姑娘愿意嫁给懒汉呢！以后你要是天天去做活，做得好，做得勤快，田螺姑娘就会嫁给你。"

他听了老太太的话，天天勤快地下田干活，也就天天能吃着又香又味道的饭菜。

这样，过了很多日子。他过得很快乐。

有一天，他不知怎的，醒得早了一点儿。公鸡才叫三遍，他就睁开眼睛。忽然他听到水缸里有一种奇怪的声音，他想，这一定是田螺姑娘要出来了。他轻轻地下床，轻轻地走到门口，从门缝里偷看。

"哎呀！"他几乎喊出来。他看见大田螺爬到水缸沿上，看见田螺爬出壳外，抖抖身上的水，变成了一个美丽的姑娘，穿着青衣服，梳着两条长辫子，和他第一次看到的一模一样。他几乎喜欢得要跳起来了。但是他没有跳起来，也没有发出一点儿声响。他屏住气看田螺姑娘量了米，洗了菜，把米下了锅，就到灶下去烧火。这时候，他轻轻地推开门走进去，捡起那个田螺壳，藏在自己的衣袋里。田螺姑娘看见有人来了，就急急忙忙地向水缸跑，但是她已经迟了，找不到她的壳了。她向他要，他不肯还她。

他对田螺姑娘说：

"嫁给我吧！我一看见你，就喜欢了，要是你肯嫁给我，咱俩一起干活，一起过日子，可好？"

田螺姑娘红着脸笑了，答应嫁给他。

这样，年轻人和美丽的田螺姑娘做了夫妻。从此他们更勤劳了，年轻人天天到田里耕作，田螺姑娘在家里做饭、纺织、洗衣服，还养猪、养牛、养羊。他们的日子过得很舒服，很快乐，很幸福。

（赵加春，苏州市吴江区青云中心小学教师）

统编版四年级上册习作4"我和____过一天"课堂实录

胡梦姣

任务一（约10分钟）

师：读课题：我和____过一天。

生：我和____过一天。

师：请夏海薇和老师一起示范读例1。

师：我和谁过一天？

夏海薇：我和哪吒过一天。

师：宝物？

夏海薇：风火轮。

师：去哪里？

夏海薇：学校。

师：做什么？

夏海薇：参加运动会。

师：神奇的经历是？

夏海薇：有了风火轮，我刷新了奥运会纪录。

师：任务单——

生：快打开。

确定学生都已准备好。

师：像刚才我们那样自由读例1，2分钟——开始！

例1

	宝物	去哪里	做什么	神奇的经历
我和哪吒过一天	风火轮	学校	参加运动会	有了风火轮，我刷新了奥运纪录
我和孙悟空过一天	金箍棒	花果山	跟宇宙飞船比赛	我和悟空一起改装宇宙飞船，让它变大变小
我和猪八戒过一天	铁耙	零食工厂	发明新型零食	八戒发明了绿色美食，我把它推广到全世界

（老师巡视全班，俯身倾听学生，相机指导、表扬学生。）

倒计时铃声响起。

师：时、间、到——

生：书、放、好。

师：人、坐、正——

生：腰、挺、直。

师：说看夏海薇——

生：就看夏海薇。

师：表扬夏海薇，读一遍两遍三遍，丝毫不泄气！

师：说看戴义斌——

生：就看戴义斌。

师：表扬戴义斌，读书声音响亮，小小的身体发出大大的能量！

师：小眼睛——

生：看黑板。

（师生一问一答，读好表格。）

师：表格中的人物来自小说，有特别的本事！读讲义——

生："他"来自小说，特别的本事带来特别的经历！

师：请张赵妍和老师一起示范读例2。

师：我和谁过一天？

张赵妍：机智能干的黑猫警长。

师：去哪里？

张赵妍：学校门口。

师：做什么？

张赵妍：指挥交通。

师：有趣的经历是？

张赵妍：黑猫警长教我读心术，捉弄不遵守交通的家长。

师（有节奏地）：任—务—单。

生（有节奏地）：快—打—开。

确定学生都已准备好。

师：2分钟，开始！

例2

我和（　　）过一天	去哪里	做什么	有趣的经历
机智能干的**黑猫警长**	学校门口	指挥交通	黑猫警长教我读心术，捉弄不遵守交通的家长

续表

我和（　　）过一天	去哪里	做什么	有趣的经历
美丽善良的**白雪公主**	美丽的城堡	学化妆	我把妈妈变成了"白雪公主"
正直善良的**熊大熊二**	森林	保护森林	我和熊大熊二设陷阱打败敌人

（老师巡视全班，俯身倾听学生，相机指导、表扬学生。）

倒计时铃声响起。

师：时、间、到——

生：书、放、好。

师：人坐正——

生：腰挺直。

师：说看徐梦茹——

生：就看徐梦茹。

师：徐梦茹的身板挺得可真直，像青松一样！

师：大眼睛——

生：看黑板。

（师生一问一答，读好表格。）

师：他们都来自童话，也有特别的本事。读讲义——

生："他"来自童话，特别的本事带来特别的经历！

任务二（约8分钟）

师：任、务、单——

生：快、打、开。

确定学生已提笔准备。

师：完成任务二，6分钟！

	宝物	去哪里	做什么	神奇（有趣）的经历
我和_____ ___过一天				

（生认真写作，老师全班巡视，个别辅导及表扬。）

倒计时铃声响起。

师（轻轻）：时、间、到——

生（轻轻）：书、放、好。

师（大声）：人、坐正。

生（大声）：腰、挺直。

师：请写作小明星闫晨曦上台分享。

师：我和____过一天？

闫晨曦：我和蜘蛛侠过一天。

师：宝物？

闫晨曦：蜘蛛网。

师：去哪里？

闫晨曦：文具工厂。

师：做什么？

闫晨曦：发明新型修正带。

师：神奇有趣的经历是？

闫晨曦：蜘蛛侠用他的蜘蛛丝做出了新的修正带，我把修正带发给学校里的同学们。

师：写蜘蛛侠的本事，真神奇！

师：请写作小明星郑恩欣上台分享。

师：我和____谁过一天？

郑恩欣：我和哆啦A梦过一天。

师：去哪里？

郑恩欣：山区。

师：做什么？

郑恩欣：帮助山区贫困的小朋友。

师：神奇有趣的经历是？

郑恩欣：我和哆啦A梦把山区贫困的小朋友传送到能吃饱、睡好、有学上的好地方。

师：哆啦A梦的传送门可真神奇，点赞！

任务三（约10分钟）

师：人坐正——

生：腰挺直。

师：小、眼、睛——

生：看、黑、板。

师：任务单——

生：快打开！

确定学生都已准备好。

师：自由读例3，2分钟，开始！

例3

我津津有味地看着《本草经》，突然书把我吸了进去。神农把我喊了过去，让我帮他记录各种草的特性。只见他手拿着神鞭对着各种草上下挥舞，红光随着神鞭一闪一闪，草的特性马上显示出来：有毒、无毒、微甜、又苦又涩……我记得手忙脚乱，叫苦连天。神农得意道："你看，神鞭一抽，什么草啊花啊，都能显现它的特性，你们人类世界没有这宝贝吧？""有的！"我不慌不忙拿出华为手机，打开"形色"App，对准草一拍，"咔嚓！"这株草的所有知识显现出来。神农目瞪口呆！

（老师巡视全班，俯身倾听学生，相机指导、表扬学生。）

倒计时铃声响起。

师：时、间、到——

生：书、放、好。

师：说看夏恩淇——

生：就看夏恩淇。

师：表扬夏恩淇读书有停顿，会换气！

生：表扬夏恩淇。

师：齐读例3。

生齐读。

师：读讲义——

生（读）："我"穿越到过去，神农闹了一出尴尬，多么神奇的经历！

师：男生女生合作读——女生读红字，男生读蓝字。

男女合作齐读。

师（点拨）：红色片段描写——

生：神农。

师（点拨）：蓝色片段描写——

生："我"！

师（总结）：片段写出我和神农各自的本事。齐读写作小妙招——

生读：写我和神农各自的本事，写出神奇！

师：任务单——

生：快打开！

确定学生都已准备好。

师：自由读例4，2分钟，开始！

例4

猪八戒把我的零食风卷残云，还缠着我要吃的。我没办法，拿了100元给他，要求："自己去买，但得帮我做作业。"猪八戒连连答应，他拿起作业本就往嘴里塞。我忙把他拦住，大喝一声："是写，不是吃！"只见他提起肥肥的猪爪子，对着我的笔一指，又一指我的作业本，笔便开始自动转起来，我顿时喜笑颜开。可一看他写的答案，气得我差点吐血——全是关于吃的！唉——自己的作业，还是自己写吧，谁叫我碰到个猪队友呢……

（老师巡视全班，俯身倾听学生，相机指导、表扬学生。）

倒计时铃声响起。

师：时、间、到——

生：书、放、好。

师：说看袁子涵。

生：就看袁子涵。

师：表扬袁子涵，遇到疙瘩的地方反复读3遍！

师：人坐正——

生：腰挺直。

师：齐读例4。

生齐读。

师：猪八戒可真不愧是"猪队友"，齐读讲义——

生（读）：猪八戒穿越到现代，闹了一出笑话。多么有趣的经历！

师：大、眼、睛——

生：看、黑、板。

师：男生女生合作读——女生读红字，男生读蓝字。

男女合作齐读。

师（点拨）：红色片段是描写——

生："我"。

师（点拨）：蓝色片段是描写——

生：猪八戒！

（师带领学生读动词；生齐读语言描写、心理描写的句子。）

师：读写作小妙招——

生（读）：运用动作、语言、心理描写，写出趣味！

任务四（约12分钟）

师（快速）：任务单、任务单——

生（快速）：快打开、快打开！

师：提笔准备——

确定学生都已做好了准备。

师：10分钟完成任务四，开始！

	啥宝物	去哪里	做什么	神奇（有趣）的经历
我和_____ ___过一天				

（生认真写作，老师全班巡视，个别辅导及表扬。）

倒计时铃声响起。

师：时、间、到——

生：全、放、好。

师：请王玺杰闪亮登场，分享片段。

师：我和____过一天？

王玺杰：我和哪吒过一天。

师：做什么？

王玺杰：打败海妖为民除害。

师：神奇有趣的经历是？

王玺杰：我从量子背包里拿出布雷舰，在海里布满水雷，随后哪吒变成潜水艇躲藏在岩石后面，海妖早料到哪吒来了，召集小兵与我方战队厮打起来，我们从四面八方将他们重重包围，海妖被打得措手不及，碰到个水雷被炸上天，最终我们把海妖打败了，为民除了害！

师：片段写我和哪吒的故事，真神奇！点赞！

师：请马依睿上台读他写的片段。

师：我和____过一天？

马依睿：我和神笔马良过一天。

师：做什么？

马依睿：帮助山区的孩子有更好的学习环境。

师：神奇有趣的经历是？

马依睿：我正在津津有味地看《神笔马良》，突然天花板出现了一个大黑洞，黑洞把我吸了进去，马良把我喊过去。我看到马良的神笔很是羡慕，我祈求马良："你的神笔可以借我吗？"马良借给我神笔后，我们穿越到山区，帮助山区的同学改善学习环境。

师带着学生读"我正津津有味地……学习环境"。

师：写出了马良的本事，神奇又有趣！

师：这次的神奇故事怎么写？读——

生：他可以来自小说，也可以来自童话，有特别的本事；可以是书中的人物穿越到现在，也可以是"我"穿越到书中，有神奇有趣的经历！

（胡梦姣，苏州市吴江经济技术开发区长安实验小学教师）

9.《小学语文教学》习课堂专题报道

家常课：回归语文"学""习"

管建刚

我们的语文家常课改革，以"读＋习＋读＋习"为课堂结构，任务驱动、时间驱动和管理驱动是家常课的"三驾马车"。"任务驱动"的抓手是家常课任务单，即"读""写"任务单。

一、语文"学""习"核心是"读""写"

我们观测到，一般教研课、公开课上的课堂提问为 80 个左右，常态课上每节课的课堂提问 100 个左右，每一个学生的当堂"读"只有五六分钟，当堂"写"不足三分钟。这就导致了——

1. 沉默的大多数。30 分钟时间里提 80—100 个问题，平均每分钟提 3 个问题，每次提问给学生思考的平均时间是 1.8 秒，教室里只有那几个思维活跃的学生才能跟上教师的步伐。80％的不那么主动、不那么积极、不那么活跃的学生，一直是沉默的大多数，他们在带着耳朵听听的无所事事中，大面积开小差。

2. 学的是"关于语文"。教师所讲、所问的都是关于课文、关于语文，而不是课文本身、语文本身。给学生充分的时间读课文，这才是学课文本身、学语文本身。语文课应该是每一个学生都张开嘴巴"读"的课堂。学期末我们调研学生个体的读课文情况，全文读下来能做到"正确、流利、不拖调"的学生不过30%。"以读为主""以读代讲""'读'占鳌头"这些曾深入我们心头的理念正在远离新一代教师。

3. 繁重的课后作业。课堂时间教师用来讲和问，那么读熟课文、背诵要求背的内容、抄写和默写词语、课后思考题、配套练习册这些刚需的语文"学""习"任务，只好课间做、回家做，学生本该休息、本该自主的时间被作业塞得满满当当。语文"学""习"的核心是"读""写"，这既是语文本身的规律，也是落实减负的必然要求。不把课堂时间还给学生进行"读"和"写"，减负就不可能真正落地。

二、教师的专业所在：布置"学""习"任务

读熟课文，背诵要求背的内容，抄写和默写词语，完成课后思考题、配套练习册是基础性任务、刚需性任务，是课堂上每一个学生首先要完成的"学""习"任务。

1. 任务单开发。开发学习任务单是一个系统工程。为此我们组织骨干团队，历时三年，六次修改，完成了小学语文1—12册的每一篇课文、每一个语文园地、每一个单元作文、每一个单元复习的任务单的开发。每一张任务单都有四个任务。任务一和任务三是"读"，任务二和任务四是"写"。家常课任务单的"读""写"任务就是学生的"学""习"任务。有了任务单，教师走进教室就清楚，课堂是学生的课堂，是每一个学生用来完成"学""习"任务的地方。

2. 任务的关联。一张任务单有四个任务，任务一是"读"，任务二是"写"，任务一和任务二是一组"读""写"关系，任务二的"写"检测任务一"读"的状况；任务三和任务四之间的关系也是如此。第一课时的任务一和任务二是读正确课文、读流利课文，从而为任务三和任务四的整体把握课文做好准备。前一组"读""写"跟后一组"读""写"有关联。第二课时的任务一和任务二一般是精读重点段，任务三和任务四若是精读重点段二，前者和后者就是并列关系；任务三和任务四若是读写迁移，前者

和后者就是递进关系；任务三和任务四若是课外阅读，前者和后者则是拓展关系。

3. 任务单即任务群。一篇课文的学习任务，既有"基础型学习任务"，也有"发展型学习任务""拓展型学习任务"，学习任务群往往是综合的，而不是这节课落实了"语言文字积累与梳理"任务群，那节课落实了"实用性阅读与交流"任务群。好比一桌菜，有荤有素，有鱼有肉，有滋有味。学习任务群的根本是学习任务之间有关联、有组织，学习任务之间相互促进。家常课任务单落实了这样的开发理念。

三、教师的不可替代性：组织学生完成"学""习"任务

开发了"学""习"任务单，布置了"学""习"任务，并不表示每一个学生都会好好完成任务。课上，教师有着无可替代的重要职能——组织学生好好完成任务，管理学生好好完成任务，激励学生好好完成任务。

1. 时间驱动。每一个任务我们都预估了完成时间。效率＝任务÷时间。无论是教师还是学生，只要有一方没有时间观念，课堂就很难按时完成"学""习"任务。"时间驱动"是家常课改革的重要特点。每一堂家常课上，都会使用5—8次闹钟，40分钟的课堂时间切成了5—8块"小时间"，时间就紧张起来，用时就紧凑起来。闹钟既培养学生的时间意识，也规范教师的用时观念。家常课上，经常有"自由读3分钟""自由读1分钟"，避免了"自由读1遍"带来的先读完的学生在等待中浪费时间；家常课上，先完成任务二、任务四的学生，马上读、背教师专门准备的"奖励题"。家常课上，每一个学生都有28分钟以上的课堂时间进行读、背、写的语文实践活动。这是如何做到的？家常课上，少指名读，多自由读、齐读、男女生合作读，保证了每一个学生充分"读"的时间；家常课上，以往口头的、零散的、个别的提问变成了书面的、系统的、面向全体的任务单，课堂上就能减少95%的提问，省出了时间。

2. 管理驱动。大班额下，没有有效的课堂管理，课堂效率是不可想

象的。然而课堂管理存在着两大常见的误区。一是错把课堂管理等同于班级管理。班级管理的责任人是班主任，课堂管理的责任人是任课教师，其目的是保持良好的课堂秩序，激发积极的课堂气氛，保证学生的课堂参与率。二是错把课堂管理等同于管纪律。管纪律是被动的，出现问题了教师只好去管；课堂管理是主动的，大多问题都可以消灭在萌芽之中。管纪律是消耗时间的，课堂管理是节省时间的。管纪律容易使师生产生对抗，课堂管理则利于融洽师生关系。以上误区，导致很多教师不知道课堂管理的原则，不知道课堂管理的方法和手段，因而家常课系统开发了课堂管理口令、课堂管理手势、课堂激励印章、课堂管理Q币、课堂表扬信。"脚步就是管理""眼睛就是管理"，家常课上，教师把可能发生的课堂问题，通过口令、手势的提醒，以及正向激励和引导，防患于未然，节约了课堂时间，培育了课堂默契，增进了师生情感。家常课把70%的时间（28分钟）还给了每一个学生完成"读""写"任务，教师便腾出了70%的课堂时间来进行"专职"的课堂组织、课堂管理、课堂激励。

3. 自立驱动。教师当堂公布正确答案，学生必然会当堂订正错题，教师批改到的任务单是学生订正过了的任务单，便不能了解学生的实际掌握情况，几天后学生也不知道自己任务单上的是"真对"还是"假对"。及时反馈的前提是真实有效的批改。当堂反馈牺牲"真实"换来"及时"，这个"及时"不可取。教师经常当堂反馈，久而久之学生不会绞尽脑汁去思考，他们会空着，等老师宣布正确答案时再写上。学生不知道，自己动脑筋写的那个错误答案的价值，比"抄"上一个正确答案的价值更大。所以，家常课上当堂不反馈任务单的正确答案，当堂及时反馈的是学生的学习态度、学习精神、学习方法。当堂不讲正确答案，批改后的讲评也要求不讲答案，而是讲方法、讲关键、讲联系。作业当堂在教师的眼皮底下完成，不能"抄"伙伴、家长或网络；作业当堂不反馈答案，不能"抄"老师。订正作业的时候，教师给的是方法、关键和联系，从而堵住了学生每一条"不独立"的路，当每一个学生都知道"作业"这条路必须自己走，也就会义无反顾地出发。

四、语文"学""习":习得语文能力和语文习惯

一天的语文"学""习"既习不到多少语文能力,更不可能习得语文习惯。习惯的养成在于"天天"。家常课着力于"每一天",家常课任务单着力于"每一课"。每一节家常课日积月累习得如下语文能力和语文习惯。

1. 边抄边记的能力和习惯。很多学生抄写词语,只是为了完成教师布置的作业。默写词语时才开始读记,一番事情花了两番时间。家常课上,当堂抄完后马上默写,从而训练学生边抄边记的能力和习惯。第一次当堂抄写、当堂默写,8个词语错了5个,第二个月错了4个,第三个月错了3个,第四个月只错了2个。一个学期后,学生抄写后马上默写的正确率跟以前看后再默写的一样高,甚至更高,因为边抄边记的能力和习惯养成了。

2. 边读边记的能力和习惯。任务二、任务四的"写",我们要求"看书不作业、作业不看书",如此学生便明白,任务一、任务三一定要认真读,边读边记,任务二、任务四答起来才顺、才快。家常课上,以任务二、任务四的当堂"写",倒逼学生任务一、任务三的专心"读"。有效识记是学习的基础。边读边记的能力和习惯训练好了,"小和尚念经"式的读书可以得到有效清除,从而大大减少了无效阅读和无效学习。

3. 正确流利不拖调的读书能力和习惯。"读正确"要做到"三不":不多字、不漏字、不错字。"读流利"要做到"四不":不疙瘩、不回读、不卡顿、不读破。加上"不拖调",共"八不"。家常课上,一篇课文两课时80分钟,每一个学生"读"约30分钟,人人当堂读到"八不"。"八不"就是"流畅地读","流畅地读"是"理解地读""思考地读"的基础。不少教师想当然地认为"正确、流利、不拖调"很简单,其实做到"八不"绝不简单,必须专注,一走神就失误。

4. 有效作业的能力和习惯。主要体现在:(1)独立作业。"刚需作业不出课堂",家常课上学生当堂完成书面作业,学生作业都在教师眼皮底下独立完成,有效。(2)作业速度。每一节家常课上,任务二、任务四的当堂作

业，教师都会开启计时器限时，时间到没有完成的算错。绝大多数学生写作业写到深夜的主要原因并不是教师布置了惊人的作业，而是写作业拖拉。独立作业、作业有速度是学生必须具备的能力，也是教师必须要重视的能力。

5. 抗干扰学习的能力和习惯。家常课上，先完成任务二或任务四的学生，出声背奖励题。没有完成任务二或任务四的学生，在伙伴的背诵声中继续作业，这是训练学生抗干扰学习的能力。没有抗干扰能力的学生，一会儿去看这个，一会儿去看那个，等到回过神来，自己的"学""习"都耽搁了。一次，窗外突然响起了爆竹声，持续了两分钟。我在第一时间观察学生的反应，没有一个学生扭头去看窗外，直到鞭炮声全部结束。印证了林逋的"用心专者，不闻雷霆之震惊"。

6. 使用零碎时间的能力和习惯。当今时代，时间就是效率，时间就是信用。每一节家常课都用5—8次闹钟，学生课课跟闹钟为伍，一次又一次在规定时间内完成任务，时间意识得到了训练。先完成任务二、任务四的学生，利用零碎时间背奖励题，比积累语言更宝贵的是学生知道了使用零碎时间。人与人之间的差距不是智商也不是情商，而是对时间的把控。

7. 课前充分准备的能力和习惯。家常课上，每一个学生要当堂完成刚需的"读""写"任务，这就需要珍惜课上的每一分钟，甚至每半分钟。课前，家常课要求学生上到哪一课就在哪一课夹上书签，书签在语文书的底部露出一厘米，如此，翻书时一秒就可以搞定。课前，家常课要求学生把所用的笔夹在任务单要用的那一页，如此，一翻就可以翻到。课前没有准备好的事项，后续占用的、浪费的一定是课堂时间。

三年的家常课改革，我们发现：课堂纪律好了，因为每一个学生课堂上都有事情干了，教师也有时间来进行课堂管理了；家庭作业少了，因为每一个学生都在课堂上完成了原来必须要在课间、回家做的刚需作业；教学质量高了，因为每一个学生都是在教师的眼皮底下有效"读""写"，"读""写"质量高了，教学质量自然上去了。

（本组文章均由《小学语文教学》2023年第16期报道）

统编版三年级下册《火烧云》课堂实录（第二课时）

执教：张颜笑　点评：管建刚

任务一（约 16 分钟）

师：读课题。

生：24　火烧云。

师：自由读第 3 自然段，画出体现火烧云颜色变化多的词语或短语。

师：铅笔、直尺准备。1 分钟开始！

铃声响。

师：时间到。

生：轻轻放。

师：说看邓若一——

生：就看邓若一。

师：表扬邓若一，刚才用笔指着读，一行一行找，一个没漏。答题习惯好！

【点评：学习最重要的不是知识，而是通过学习知识培养学习习惯。课上老师最需要及时正向反馈的是学习态度、学习精神和学习习惯。】

师：说看屏幕——

生：就看屏幕。

师：齐读表现火烧云颜色变化多的词语和短语。

生：红彤彤、金灿灿、半紫半黄、半灰半百合色、葡萄灰、梨黄、茄子紫、说也说不出来见也没见过的颜色。

师：和黑板上的答案一样的，请举手！

师：齐读火烧云颜色变化的第一个特点。

生：颜色多、颜色多。

师：作者写颜色，第一种用叠词式——

生读两遍，红彤彤、金灿灿。

师：第二种用颜色混合式——

生读两遍，半紫半黄、半灰半百合色。

师：第三种用带水果的颜色词——

生读两遍，葡萄灰、梨黄、茄子紫。

师：火烧云不仅颜色多，还有一个特点——

生：这地方的火烧云，一会儿红彤彤的，一会儿金灿灿的，一会儿半紫半黄，一会儿半灰半百合色。

师：齐读红色词语。

生：一会儿、一会儿、一会儿、一会儿。

师：四个"一会儿"，写出了火烧云颜色变化的第二个特点——

生：变化快、变化快。

师：读句子，注意加快速度读"一会儿"。

生再读句子。

师：小身板——

生：挺起来。

师：小眼睛——

生：看黑板。

师：我读黑色部分，你们读红色部分。

生：用抓关键词、写小标题的方法。

师：感受火烧云颜色变化的两个特点——

生：颜色多、变化快。

师：看屏幕上的填空，挑战背诵第三自然段。计时2分钟。

【点评：提高作业速度就是提高作业效率，就能实现看得见、摸得着的"减负"。当堂限时作业则是训练学生作业速度的有效手段。】

铃声响。

师：说看周弘益——

生：就看周弘益。

师：表扬周弘益，读读语文书，看看填空读，再看着填空背。孙文萱也用了这样的背诵方法。掌声！

生齐背第3自然段。

师：说坐正——

生：就坐正。

师：自由读第4—6自然段，要求——

生：边读边想，火烧云形状变化的两个特点。像学习第三自然段那样，用两个小标题概括。

师：语文书——

生：稍倾斜。

师：表扬第二组，他们捧书的姿势稍稍往外斜，背都挺直了。计时2分钟开始。

（生自由读，师巡视。）

铃声响。

师：说看邓若一——

生：就看邓若一。

师：刚才自由读，邓若一微微点头，朗读有节奏。句子的最后一个字快速收尾，朗读不拖调。点赞！

师：小眼睛——

生：看屏幕。

师：齐读句子——

生：一会儿，天空出现一匹马。忽然又来了一条大狗。接着又来了一头大狮子。

173

师：齐读加点字——

生：一匹马、一条大狗、一头大狮子。

师：三种形状，体现了火烧云形状变化的第一个特点。

生：形状多。

师：齐读表示时间的词语和短语——

生：一会儿、过了两三秒钟、忽然、接着、一转眼。

师：加快速度，再读。

生再读。

师：这些词语和短语体现了火烧云形状变化的第二个特点——

生：变化快。

师：我读黑色，你们读红色。

生：用抓关键词、写小标题的方法——

师：感受火烧云颜色变化的两个特点——

生：形状多、变化快。

师：小眼睛——

生：看屏幕。

师：自由读第4—6自然段，用括号标记出你认为有节奏感的词语或短语。先读老师找的例子。

生：跑着跑着、跑着跑着。

师：语文书——

生：横平放。

师：铅笔准备，括号标记。1.5分钟，计时开始！

铃声响。

师：说看詹金阳——

生：就看詹金阳。

师：刚才，詹金阳用轻声读检验自己找的词语是不是有节奏感。这个方法真好！

师：小眼睛——

生：看屏幕。

生（读）：也那么大、也那样蹲着。

师（点头读）：也那么大、也那样蹲着。

生（点头读）：也那么大、也那么威武。

师（打节拍读）：很威武很镇静。

生（打节拍读）：很威武很镇静。

生（完整读）：跑着跑着、也那么大、也那样蹲着、很威武很镇静。

师：读讲义——

生：短句，让朗读有节奏。短句，让朗读有节奏。

生再次轻快地读短句。

师（出示句子）：这些句子很特别，也有节奏感。齐读第一句。

生：那匹马大起来了，腿伸开了，脖子也长了，尾巴却不见了。

师：齐读第二句。

生：那匹马变模糊了。

师：第三句。

生：小狗不知哪里去了，大狗也不见了。

师：第四句，读。

生：可是一转眼就变了，再也找不着了。

师：这么多尾字"了"，读起来有节奏。

男生：尾字"了"，让朗读有节奏。

师：女生读。

女生：尾字"了"，让朗读有节奏。

师：尾字"了"，要轻快地读。

生轻快地齐读以上四句话。

【点评：任务一的"读"，读出火烧云的形状多、变化快，读出了短句的节奏，读出尾字"了"的轻快。这样读，就是"以读代讲"。】

175

任务二（约 5 分钟）

师：任务单——

生：快打开。

师：表扬刘坤祥、熊子逸，已经做好提笔准备！

师：提笔准备——

生：准备到位。

师：4 分钟答题开始！

> 一会儿，天空出现一匹马，马头向南，马尾向西。马是跪着的，像等人骑上它的背，它才站起来似的。过了两三秒钟，那匹马大起来了，腿伸开了，脖子也长了，尾巴却不见了。看的人正在寻找马尾巴，那匹马变模糊了。
>
> 忽然又来了一条大狗。那条狗十分凶猛，在向前跑，后边似乎还跟着好几条小狗。跑着跑着，小狗不知哪里去了，大狗也不见了。
>
> 接着又来了一头大狮子，跟庙门前的石头狮子一模一样，也那么大，也那样蹲着，很威武很镇静地蹲着。可是一转眼就变了，再也找不着了。
>
> 1. 填写词语，我能行。
>
>   （　　）的马　　　（　　）的狗　　　（　　）的狮子
>
> 2. 完成练习，我动脑。
>
>   (1) 短文写了火烧云一会儿变成＿＿＿＿，一会儿变成＿＿＿＿，一会儿变成＿＿＿＿，写出了火烧云形状变化＿＿和变化＿＿的特点。
>
>   (2) 短文是按照事物在天空中"（　　）——清晰——模糊——（　　）"的顺序，描写火烧云形状的变化。

（生答题，师巡视。）

铃声响。

师：任务单合拢——

生：左上角。

师：说看张泽宇——

生：就看张泽宇。

【点评：以课堂口令来组织课堂、管理课堂、提醒学生，实现了师生在课堂管理上的互动，课堂也由此干脆、简练，既防患未然地消解了课堂问题，也节约了管理成本。】

师：刚才，张泽宇四周的同学都写完了，读背奖励题了，他丝毫不受影响，还在专心地答题。点赞！

【点评：任务一的"读"跟任务二的"写"是一组"学""习"关系。任务一以"读"的方式"学"，任务二以"写"的方式"习"。任务二的"写"检测了任务一的"读"的效果。任务一和任务二形成了一个有关联、有目标的读写任务群。】

任务三（约11分钟）

师：自由读第4自然段对应的表格。

形状的出现	一会儿，天空出现一匹马，马头向南，马尾向西。
形状的变化	马是跪着的，像等人骑上它的背，它才站起来似的。过了两三秒钟，那匹马大起来了，腿伸开了，脖子也长了，尾巴却不见了。
形状的消失	看的人正在寻找马尾巴，那匹马变模糊了。

师：时间不停——

生：朗读不停。

师：1分钟时间，计时开始。

铃声响。

师：说坐正——

生：就坐正。

师：写火烧云"形状出现"的句子，读——

（生读。）

师：写"形状变化"的句子，读——

（生读。）

师：写"形状消失"的句子，读——

（生读。）

生（读讲义）：用出现—变化—消失的构段方式，写形状。

师：红色部分读2遍。

生：出现—变化—消失、出现—变化—消失。

师：自由读第5、6自然段，读要求——

生：描写"出现"的句子标注1，描写"变化"的句子标注2，描写"消失"的句子标注3。

师：说看屏幕——

生：就看屏幕。

师：老师是这样标注第4自然段——

（PPT出示下图）

①一会儿，天空出现一匹马，马头向南，马尾向西。②马是跪(guì)着的，像等人骑上它的背，它才站起来似的。过了两三秒钟，那匹马大起来了，腿伸开了，脖子也长了，尾巴却不见了。③看的人正在寻找马尾巴，那匹马变模糊了。

师：照着老师的样子，完成第5、6自然段的标注。

师：语文书——

生：横平放。

师：1分30秒，边读边标注。开始！

铃声响。

师：说看侯婧萱——

生：就看侯婧萱。

师：侯婧萱在找"出现"和"变化"的句子时，圈画了句中关键词，"又来了""找不着了""不见了"，非常细致、非常准确！

师：说看屏幕——

生：就看屏幕。

师：合作读第5自然段。读"形状的出现"。

生：忽然又来了一条大狗。

178

师：读"形状的变化"。

生：那条狗十分凶猛，在向前跑，后边似乎还跟着好几条小狗。

师：读"形状的消失"。

生：跑着跑着，小狗不知哪里去了，大狗也不见了。

师：第6自然段，"形状的出现"，一二组读。

生：接着又来了一头大狮子，跟庙门前的石头狮子一模一样。

师："形状的变化"，三四组读。

生：也那么大，也那样蹲着，很威武很镇静地蹲着。

师："形状的消失"，我们一起轻声读。

生：可是一转眼就变了，再也找不着了。

师：和两张PPT上的答案完全一致的，请举手！

师：近二十位同学，读得仔细，表扬！

生再次齐读讲义：用出现—变化—消失的构段方式，写形状。

【点评：第4自然段示范标注、师生合作读后，第5、6自然段学生马上操练——按"出现""变化""消失"自主标注、师生合作读。课堂上书声琅琅，老师没有问这、问那，然而学生都读懂了。这就是习课堂要强调的"'读'占鳌头""以读代讲"。】

师：坐姿调整。两手——

生：放正。

师：两脚——

生：并拢。

师：肩膀——

生：挺直。

师：用上刚学的构段方式，看着思维导图，自由背第4到6自然段。5分钟，开始！

铃声响。

师：说看孙希辰——

生：就看孙希辰。

179

师：刚才背诵，孙希辰遇上卡壳的地方，立马翻书读上几遍，读熟了再背，掌声送给他！

师：说捂眼——

生：就捂眼。

师：齐背，开始。

（会背的学生捂住眼背，不能背的读。）

师：说看唐纪睿——

生：就看唐纪睿。

师：背第6自然段唐纪睿有点困难，他就翻开书本大声读，也为他的诚实点赞！

【点评："双减"后，老师们知道不能布置书面回家作业，于是把朗读作业、背诵作业布置成回家作业。"减负"的根本是"减"出学生自由自主的时间。习课堂要求当堂读熟课文、当堂背出该背的，不折不扣地实现减负。】

任务四（约8分钟）

师：任务单——

生：快打开。

师：表扬第二组率先做好提笔准备！一、三、四组全部做好准备，7分钟，计时开始

◎片段写话，我挑战。

火烧云还可能变成小鲸鱼、小乌龟、小白兔、小绵羊……选一种小动物，仿照课文第5、6自然段写一写火烧云的变化。

（生答题，师巡视。）

铃声响。

师：时间到——

生：轻轻放。

师：任务单合拢——

生：左上角。

师：有请季音妍上台朗读片段。

生：这时，天空忽然出现了一只小鲸鱼。它扭动身体，露出脑袋，在海面畅游。游着游着，它的头顶喷出又高又大的水花。一眨眼，那道水花突然变小了，小鲸鱼钻入海底了，一下就不见了。

师：季音妍就是像课文那样，按"出现—变化—消失"来写的。季音妍活学活用，掌声送给她！

生读背奖励题后下课。

【点评：任务三反复读第4、5、6自然段，"读"明白"出现""变化""消失"的写作方法，为任务四的"写"作了铺垫。第5、6自然段不是一读而过，而是给足时间，充分读背，因为儿童主要是从具体的例子来学习作文的。任务三的"读"和任务四的"写"也形成了一个有关联、有目标的读写任务群。任务一、任务二的"任务群"跟任务三、任务四的"任务群"是有关联的，前者的"读"为后者的"写"作了铺垫。无论是任务一和任务二，还是任务三和任务四，都实现了"教—学—习—评"的一致性。学生"学"得怎么样，要通过"习"来检测和评价。没有每一个学生的"习"，"评"往往只是少量的抽样，不具备完整性、可靠性。】

（张颜笑，苏州市吴江经济技术开发区长安实验小学教师）

谈习课堂的课堂管理

樊小园　李　冶　胡梦姣　顾孙煜　邹思怡　徐志凯　郭苗苗

话题一：什么是课堂组织

樊小园：课堂管理是每一位任课老师的职责。课堂管理也不等于纪律管理。课堂管理者重于防患未然，它主动、省时，能让师生关系融洽。习课堂认为，课堂管理包含课堂组织、课堂管理、课堂激励、课堂示范。

李冶：习课堂的课堂组织指教学前、中、后的各个环节，组织并调动每一个学生学习的精气神。习课堂的课堂组织一般分为课前的课堂组织，任务一、任务三的课堂组织，任务二、任务四的课堂组织，结课的课堂组织。课堂组织的主要手段是课堂管理口令。如课前，老师说"课桌——"，学生喊"横、平、竖、直"，并快速将课桌前、后、左、右对齐。习课堂要求语文书在上，任务单在下，放于课桌左上角；书签夹语文书当天要上的那一课，笔夹在任务单要做的那一课时。

习课堂的任务一、任务三是"读"。读前要组织，老师说"语文书——"，生喊"快打开"。语文书到位后，组织学生调整坐姿，老师说"小身板——"，生喊"挺起来"，同时头正、身直、臂开、足安。学生自由读前，老师说"时间不到——"，学生喊"我就不停"。任务二、任务四是"习"。练习前要组织，老师说"任务单——"，学生喊"快打开"，并迅速把任务单翻到要做的那一页。老师说"拿起武器——"，学生喊"准备战斗"，举起握着笔的右手，看向计时器。老师的"计时开始"就像发令枪，学生会铆足劲去完成作业。任务四计时铃声响，老师说"时、间、到——"，学生喊"全、放、好"，结课。

话题二：什么是课堂口令

樊小园：习课堂给人的第一印象，学生像一支纪律严明的学习部队。这得益于课堂管理口令的组织功能和管理功能。口令如何喊出精神，喊出效率，喊出趣味呢？

胡梦姣：以口令"语文书，拿起来"为例，有以下喊法：①语文书，拿起来；②语文书、语文书，拿起来、拿起来；③语——文——书——，拿——起——来——；④语文语文书，拿起拿起来；⑤语文——书，拿起——来；⑥什么拿起来，语文书拿起来；⑦语文书（音量高），拿起来（音量高）；⑧语文书（音量低），拿起来（音量低）。音调上，口令可以时而高、时而低；停顿上，可以延长、停顿、重复、颠倒；语速上，口令可以时而快、时而慢，快慢结合；形式上，口令可以结合动作，声形合一；搭配上，口令可以单个用，也可以几个口令组合使用。

口令还要不断更新。课堂上出现了问题，老师向全班征集对应的口令，老师选出优胜的五个口令，全班投票选出最佳口令。由口令作者训练全班使用口令。如此，学生不仅是口令的接收者，也是口令的创造者，口令月月新不只让学生总抱有期待，还焕发了学生的主人翁精神！

话题三：什么是课堂手势

樊小园：习课堂的课堂管理，除了课堂管理口令，还有课堂管理手势，有请顾孙煜老师给我们分享。

顾孙煜：课堂管理手势分"教师版"课堂管理手势和"学生版"课堂管理手势。学生的课堂管理手势又分为四小类。

第一类，配合口令。如配合"双手拿书，大声朗读"的手势：学生喊

"大"字时——打开书本，书本上方与眉毛齐平；"声"字——书本下方轻轻敲击桌面；"朗"字——书本放平；"读"字——人坐端正。这类手势有满满的仪式感。

第二类，配合教学。如齐读词语，学生读一遍伸一根手指，用手指示意读的遍数。例如"灌溉"等词语读三遍，学生在读第一遍时伸出一根手指，读第二遍时伸出两根手指，第三遍伸出三根手指……这类手势可以提高学生的专注度。

第三类，配合激励。如表扬某位同学，全班同学身体转向被表扬的同学，双手按照"一二一二一"的节奏进行鼓掌。不同的班级有不同的节奏，一段时间也可以换种节奏。表扬也有万众瞩目的仪式感。

第四类，配合常规。如，学生右手伸出两根手指横放于眼前，代表他要上厕所。教师只需走到其身边点头，学生自觉从后门出。这类手势可以在不影响他人的情况下，解决课堂小插曲。

樊小园："教师版"课堂管理手势，有请邹思怡老师谈谈。

邹思怡："教师版"课堂管理手势一般有三种。

第一种，配合课堂管理口令。如口令"书捧起——稍倾斜"，教师顺势抬起双手，做拿书的姿势，稍往外斜。"任务挑战——计时开始"，教师右手从上往下快速一挥，学生像运动员一样全力挑战任务。"小眼睛——看老师"，教师站在教室侧前方，采用"横摆式"手势从第一组依次摆到第四组，眼睛跟着巡视每一组。

第二种，配合教学管理。如读词语，教师伸出两根手指，意思是每个词语读两遍，这样学生的注意力更集中。如朗读速度，教师单手掌心朝前，放于所读句段下方，根据句段表达的内容、情感来变化手掌的滑动速度，学生跟着手掌速度变化来朗读。如朗读音量，教师手臂向上，学生朗读音量增加；手臂向下，学生朗读音量减轻。如朗读暂停，教师做"T"的手势即可。

第三种，配合课堂激励。如点赞手势，教师表扬全班或个人，身体微微向前倾，面带微笑，伸出双手，竖起大拇指。如摸头抚肩手势，教师看到读书认真的同学，俯身摸摸学生的头或拍拍学生的肩膀。如握手指手势，学生自由读片段，读了两遍伸出两根手指，老师上前握一下学生伸出的手指，表示鼓励。如击掌手势，师生合作读配合默契，教师跟就近同学击掌。

话题四：什么是课堂激励

樊小园：如果说"学生版"课堂管理手势，让课堂有规则、有秩序，那么"教师版"课堂管理手势，则会让老师有亲和力，感染力。习课堂强调有温度的管理。管理的温度来自管理者的温度，课堂管理的温度来自老师的温度。这就不能不说到习课堂的课堂激励。

徐志凯：习课堂激励，主要分课堂激励印章、课堂激励Q币和课堂表扬。

关于课堂激励印章。学生读课文或做练习时，老师发现好的表现、有进步的表现，及时盖上激励章。如，坐姿端正了，作业速度快了，字进步了，读书定心了，读得流利了，都可以盖章。也可以开展竞赛，如当堂默写，男生没有一个错的，而女生有错，所有男生都可以得到一个激励章。

关于课堂激励Q币。课堂的激励印章，课后可以兑换Q币。Q币可以兑换物质产品和精神产品，一般以精神兑换为主、物质兑换为辅。精神产品有免做作业券、师生合影券、优先吃饭券等等。

关于课堂表扬。习课堂的表扬要求"具体的人＋具体的事＋具体的结论"。如，"3分钟自由读，章湫婷始终保持着端正的坐姿，连右手伸出的表示朗读遍数的两根手指都是笔直的，这叫有精神"，具体的人是"章湫婷"，具体的细节是"表示朗读遍数的两根手指都是笔直的"，具体的结论是"有精神"……"你坐得真端正""你读得真好""你很专心"这样的套话，被表扬的学生听了不知道自己好在哪里，其他同学也不知道如何去努力。

话题五：什么是私人定制

樊小园：再好的管理手段和方法也无法确保对每一个学生都有效。特殊学生需要特殊的管理，于是有了郭苗苗老师的"私人定制"的课堂约定。

郭苗苗：如，做事总慢半拍的小豪，我跟他约定，别人读两遍，他能读一遍，盖激励章。如，好动好问的小寅，我跟他约定：完成一个任务不跷二郎腿，盖激励章；一个任务不叫老师，盖激励章；完成一个任务屁股乖乖在椅子上，盖激励章。如，总是打哈欠的小王，我跟他约定，每节课上打哈欠不超过 1 个，盖激励章。

有的优等生，也需要"私人定制"的课堂约定。如，不肯张大嘴巴大声朗读的小干，我跟他约定，计时朗读做到朗读不停，盖激励章，老师在较远处听到他的读书声，盖激励章，集满 10 个章，奖励一个他喜欢的昆虫标本。如，答题速度快、正确率高，完成任务后无所事事的小陶，我跟他约定，背新增的《小古文 100 篇》，一周内背出来一篇，奖励 10 Q 币；讲评任务单，由她当小老师。

樊小园：习课堂的管理有统一的规则，也有个性的约定。课堂管理是一门学问，一门每一节都用得着的学问，一门跟每一节课的效益都密切相关的学问。没有有效的课堂管理，绝不可能有优良的课堂效益。人多的地方，管理是产生效益的第一生产力。学校管理是如此，课堂管理也是如此。

（樊小园、胡梦姣、顾孙煜，苏州市吴江经济技术开发区长安实验小学教师；李冶，苏州市吴江区坛丘小学教师；邹思怡，苏州市吴江经济技术开发区花港迎春小学教师；徐志凯，苏州市吴江区震泽实验小学教师；郭苗苗，苏州市吴江区莘塔小学教师）

谈习课堂的课堂效果

习课堂：不能"混日子"的课堂

王 琴

第一，习课堂教学任务如此明确，不好"混"。

不少老师的教案和课件都是网上下载的，有的都没提前熟悉教案和课件，课上教师照着课件讲，课件播完了，课也结束了。课上学生该完成什么学习任务，自然稀里糊涂，作业也都在课后完成。用了习课堂，每天的教学任务异常清晰：第一天，第一课时教学——第一课时任务单——批改任务单——订正任务单。第二天，第二课时教学——第二课时任务单——批改任务单——订正任务单。踏踏实实完成这些任务，成为我每天重要的工作目标。每天有没有完成，自己心里清清楚楚。

第二，习课堂的课堂时间如此精确，不敢"混"。

以往一篇课文教学2—3课时，但第一课时、第二课时分别要完成什么学习任务，很多一线老师跟我一样不清不楚的。上两课时还是三课时没有必然的规定，来得及就上两课时，来不及就三课时。习课堂由"读＋习＋读＋习"四个任务组成，每个任务都有时间设定。一节课下来，完成三个任务是75分钟，完成两个任务是50分钟。更难为情的，任务单没有完成，连学生都知道老师的课堂时间管理出了问题。所以，习课堂上我不敢偷懒，课前准备都"精打细算"。出现来不及的情况，我总要反思是哪里出现了问题。

第三，习课堂备课如此务实，不能"混"。

经常有老师为了应付检查，电子备课教案是网上下载的，手写备课教案是照着抄的。

习课堂提供了任务单，是不是不用备课了？不是。习课堂的备课非常务实：朗读课文＋做任务单。课文朗读后音频上传到教研组群。我很少听到老师朗读课文，可想而知，课文没读通顺、读流畅的老师也在上语文课。录了朗读音频后我才知道，一口气读正确、读流利有多难！任务单做好了，拍照上传教研组群。每次一笔一画写好任务单，我常拿给学生看，学生就很服气。

第四，习课堂的"最后一公里"如此重要，不可"混"。

以往，批改订正没有明确规定。今天的作业留到第二天批改或订正的，也不在少数。习课堂强调有效作业的"最后一公里"，今天的任务单必须今天批改和订正。期初，习课堂老师要填写本学期周一到周五的任务单讲评和订正时间。现在，一下课我就抓紧时间批改任务单，批改好了，再用那15分钟讲评和订正，确保每一个学生都在老师的眼皮底下订正。这一切完成后我心里无比踏实。

（王琴，苏州市吴江区南麻小学教师）

学生不能开小差，也不想开小差

张 怡

打瞌睡的、抠指甲的、涂涂画画的、看漫画书的……为什么会有这么多学生频频开小差？那是太多学生只会带个耳朵"听听"，无所事事导致的。

只要让每一个学生都有各自的学习任务，让每一个学生都忙起来，"开小差"就能得到大面积的改善。习课堂任务单，任务一和任务三是学生的"读"，任务二和任务四是学生的"写"，任务二的"写"是检验任务一"读"的效果，任务四的"写"是检验任务三"读"的效果。任务一和任务三，读课文、读词语、读段落、读关键句、读讲义，除了必要的课堂组织、课堂激励和课堂示范，每一分钟学生都在进行各种形式的"读"。任务二和任务四，每一个学生都以书面的形式，独立思考、独立回答、限时回答。时间到，没有完成的都算错。习课堂是把70%的时间还给"每一个"学生进行读、背、写的语文实践活动，语文课堂真正从老师的"教"转向学生的"学"，这样的课堂学生哪有时间开小差呢？

有了明确的学习任务，学生也有可能消极怠工，这就需要积极的课堂管理。习课堂把70%的时间还给"每一个"学生读、背、写，这就解放了老师，老师可以腾出时间和精力去组织、管理和激励"每一个"学生。"脚步就是管理"，习课堂要求教师每节课的脚步不少于500步，每节课，我都频繁地在学生中间走动，脚步走到哪里，课堂管理就带到哪里。"眼睛就是管理"，每节课，我的眼里只有学生，我的眼睛看到哪里，管理就带到哪里。习课堂"读＋写＋读＋写"的结构是如此简单，以至于我闭着眼睛也能上，我的眼睛从教案、教材、教参和PPT中解放出来了。任务一、任务三，学生"读"的时候，我的眼睛既看向全体又看向个体，任务二、任务四，学生"写"的时候，也是如此。学生的一举一动都在我的眼皮底下发生，这样的课堂学生还怎么开小差呢？

至于学生不想开小差，那就不能不提到习课堂的课堂激励——课堂激励印章、课堂激励Q币、课堂表扬信，每节课，每个环节结束后我都会具体表扬一两位学生，一节课下来70%的学生能得到激励印章，一个星期下来进行习课堂Q币结算，兑换物质及精神层面奖励，一个月下来发放课堂表扬信，在这样的激励下，学生怎么可能还想开小差呢？"不开小差"，既是教师教学也是学生学习的基本前提。你的学生总是开小差？不妨试试习课堂。

（张怡，苏州市吴江区同里实验小学教师）

徐一诺的哈欠

周利利

习课堂上，老师是时间管理者，是要把握好课堂节奏的调控师，怎一个"紧张"了得啊！以往，课堂大部分的表扬我都是"假关注"中配套"快表扬"，"快表扬"是形式化的，不假思索给出的，例如："你读书的时候，小眼睛都透出光亮，真投入呀！""你写的字比印刷体还好看呢！""你朗读真响亮，非常有自信！"模板化的表扬语简洁漂亮，节省课堂时间，但是用到谁身上都可以。这样的表扬，学生听到会开心吗？一开始会，听多了就不会了，老师对谁说的都是这些，是糊弄我们呢。

课堂激励是习课堂的关键词之一。课堂表扬又是课堂激励的关键词之一。

管建刚老师说，习课堂的表扬是具体到具体的人的具体的行为的"真"表扬。什么是"具体"？什么是"真的"？

直到徐一诺打了那一个哈欠，我才开窍了。

周一的第一节课，徐一诺无精打采，简直像没睡醒，丢了魂一般。读课文，他那大大的哈欠一下子被我捕捉到，换作以前，我早火冒三丈，批评的话马上会脱口而出，但是也不知怎么的，那天我居然说："我要特别表扬徐一诺，我说过渡语的时候，他打了一个大大的哈欠，整个嘴巴都露出来了，说明他这个时候的状态不怎么好，但老师一下令说——读！他的哈欠没有打完，给憋回去了，他马上加入到我们读的队伍来了！"我和同学们一起朝向徐一诺鼓掌和竖大拇指。霎时，徐一诺红了脸。事后，我问他，老师这样夸你什么感觉。他说很高兴，甜滋滋的，下次尽量不再打哈欠了。

上面的表扬很具体，很"走心"，是一次"真"表扬——

时间"趁老师不注意的时候"，事件"打哈欠"，描述"哈欠大到嘴巴露出"，转变"哈欠没打完憋回去"，学生干了什么的细枝末节都描述出来了，这就是具体，这就是细节，具体就是关注细节。这样的表扬属于定制款，独一无二，属于徐一诺。

徐一诺的哈欠明明是不好的，我没有批评反而表扬。行为校正，顺向批评是人最直接的反应，而受批评者大多感到尴尬、丢脸、畏惧，纠正意识往往不是第一意识。老师要具备逆向思维，千方百计从不好的行为中挖掘好的行为，夸不好中的好，温暖的力量从侧面敲击了那点"不好"，纠正意识自觉产生。

徐一诺的哈欠，一直徘徊在我的眼前。

（周利利，苏州市吴江经济技术开发区长安实验小学教师）

习课堂：我真正做到了减负

周　静

习课堂，刚需作业不出课堂，我真正做到了减负，主要原因有三点。

1. 时间驱动

提高作业速度是减少学生作业时间的有效途径。如何培养学生的作业速度？习课堂给出的有效方法是使用计时器。习课堂备课，要在课件里设置倒计时小闹钟5—8次。时间的设定不是随意的。如任务一的读课文，备课时，教师自己读课文2—3遍，梳通课文的难读字词、句段，同时记下读完课文所花的时间，推算出学生读课文所需的时间，设定在PPT里。伴随着PPT上时间一秒一秒地减少，学生也能直观地感受到时间的宝贵、时间的一去不复返，无论是读书还是作业，学生的速度都加快了，效率意识明显增强了。时间驱动，确保学生读、背、习的时间，在规定时间内独立、高效地完成任务单。

2. 口令驱动

课堂口令也是习课堂的一大特色。任务一读课文，教师喊"语文书"，

191

学生回"捧起来",课堂组织干净利索。教师的口令要有精气神,学生的精气神也就跟着出来了。任务一的朗读时间一到,教师喊口号——"时间到",学生紧接——"全放好",语文书全部合起来放在桌子左上角。任务一到任务二,任务二到任务三,任务三到任务四,任务之间的切换,都由口令来组织和管理。课堂管理口令使得教学过程非常紧凑,就能节省出时间给学生在课上大量"读"和"写"。课堂口令可以由学生一起开发,这样的口令就像是开启宝藏的独门秘语,既有趣又拉近了教师和学生之间的距离。口令声可忽高忽低,忽快忽慢,带动学生的兴趣,兴趣调动起来了,学习状态也就跟着上来了。

3. 激励驱动

习课堂有三个激励法宝:课堂激励印章、课堂激励 Q 币和课堂表扬。一节课下来,要有 70% 的学生得到激励盖章。任务一、任务三,读书坐姿、读书声音、读书速度、读书眼神等可以盖激励章;任务二、任务四,写字姿势、答题字迹、答题细心、答题方法、答题速度等可以盖激励章。课堂激励印章和课堂激励 Q 币既可以单独使用,也可以综合使用。比如一个印章可以换 2 Q 币或 5 Q 币,每周五小组长统计,一单元结束兑换一次奖品。物质兑换可以是一些文具用品、书籍之类;精神兑换如 30 Q 币换"免做回家作业一次券",50 Q 币兑换"跟老师合影一次"等。课上,有了老师的激励,学生的"读""写"热情自然高涨。

(周静,苏州市吴江经济技术开发区江陵实验小学教师)

"看向""看见"还是"看清"?

钱海燕

课堂上,老师知道要"看"学生。然而这个"看",大多只是"看向",而不是"看见"。任务一、任务三的"读",老师看学生都在读书,似乎没人开小差，这只是"看向"。什么是"看见"？看见小明、小新已坐端正，捧起书，看见小林捧着书但没有翻到要读的那一页……只有"看见"一个个的个体，才叫"看见"。那什么是"看清"呢？小明双手捧书，眼睛紧紧盯着书本；小新自由读，遇到卡顿会反复读三遍；小林呢，遇到"拦路虎"直接跳过或者"难字读半边"混读过去了……这就是"看清"。

任务二、任务四的"写"，老师看学生都在答题，似乎没人开小差，这只是"看向"。什么是"看见"？小明埋头专心答题，小新字迹工整，小林跟同学借橡皮……只有"看见"一个个的个体，才叫"看见"。那什么是"看清"呢？小明读题，笔尖指着题目，还圈画关键词；小新画线，左手紧压住尺子的中间，不让尺子移动，线条直而流畅地画在直尺上方；小林，徒手画线，线条歪七扭八……这就是"看清"。

一堂课下来，能回想出多少个有关学生的细节，就是有多少次"看清"。一节课下来想不起什么学生的细节，因为只有"看向"，没有"看见"，更没有"看清"。"看向"——那只是视线的方向，"看见"——那只是眼里的目标，"看清"——那才是心中的有人。

习课堂把70%的课堂时间还给学生读、背、写，所以"学生满眼都是学习"；老师腾出了时间和精力，从老师的"教"转向关注学生的"学"，所以"老师满眼是学生"。习课堂之所以能"看清""每一个"，是因为习课堂的结构如此简洁，这就能让老师的注意力集中到每一个学生身上，看到一个个具体的学生的具体的行为，从而"看清"每一个学生。如此，习课堂的课堂表扬就能做到"具体的人＋具体的细节＋具体的结论"，这样的表扬才会敲打到学生的心坎上，才会激励到身边的同伴。

"看清学生"，教师课堂专业能力的重要体现。

10.《教育研究与评论》"讲堂"栏目报道

教书三十年

管建刚

一、不知怎么教

　　1991年的5月，我很焦虑。这段时间我们正在实习，可我真不知道怎么教书。再过两个月就中师毕业，就要去学校真刀实枪地教书了。学校给我们每人订了一本《师范教育》，我看到杂志上有介绍姚烺强老师的《一点突破法》，"一点"就能"突破"，大概是题目吸引了我，就邮购了一本。姚老师还专门写了一封信给教务处，大意是你们学校有个叫管建刚的学生挺好学的。我挺难为情，我知道自己几斤几两，如果好学的话就不会这么焦虑了。

　　收到书不久，我居然生病住院了。姚老师的书也就搁在一边了。

　　住院又出院，出院又住院，住院又出院，出院又住院，如此反复，将近一年。教书的事情自然没心情去理会，一心想的是身体健康，能像以前那样生龙活虎，脚下生风，青春飞翔。所以，一年后我去村小上班，教书是我的副业，养病才是我的主业。我给自己熬药，我给自己打针，我学起了站桩，我学起了静坐，我看起了医书，还订阅了各类养生杂志。

　　我在村小里教高年级语文，实在是个意外。

　　当年校长说，小管你教二年级数学和四年级数学。我也知道自己的数学好。当年考师范，640分的总分，我考了584分，总失分56分，其中语文一门失了 28 分，其他五门加起来也失了 28 分。我的家里没有一本课外书。在我的印象里，小学阶段课外书等于连环画，初中阶段，课外书等于金庸，师范阶段课外书等于琼瑶。

身体不好的我一听要教两个班级的数学，还是两个不同的年级，两头备课，慌了，去找校长商量能不能照顾一下，教一个班。校长想了想说，教一个班也行，只是不能教数学，改教高年级语文。我没多想便答应下来了。从没教过书的我天真地想，教一个班总比两个班轻松。我就这样成了语文老师。只怪自己选错了行，自己都没学好语文，怎么可能会教语文呢？身边都是民办老师，民办老师怎么教我也怎么教。教了三年书我都不知道什么是语文，该怎么教语文。更何况，我的心思也不在教书上，我的心思在养病上。

到底年轻，养了三年病，身体算缓和过来了，家里的寒冬却到了。

父亲同他人一起合办了一个小厂子，半年了居然没有生产出一个产品。原有的积蓄都砸进去了，能借的钱也都借了来，扔进去，愣是没一分钱的回报。几个合伙人见了面不是阴沉着脸就是吵架。最后大家得出一致的结论：一个人是条龙，三个人是条虫，这个厂子只有整给一个人才有救。说得好像挺有道理的，可是谁都不要。怎么办？抽签。结果父亲抽到了这个烂摊子，包揽了厂子的所有债务。父亲说他怎么知道会是自己抽中的呢。父亲说他也想甩掉这个烂摊子啊。父亲说他怎么就那么倒霉呢。

父亲上过一年学，母亲上过一天学。母亲说她进学堂的第一天下午，就被外公闯进教室拉回家去了。母亲不识字。父亲愁眉苦脸，母亲愁眉苦脸，一家人愁眉苦脸，我说，爸，妈，我帮你们干。

又是三年，教书成了我的副业，我的主业是家里的厂子。一下班我就在厂子里干活，一到礼拜，不是去进原材料，就是去跑市场。这三年哪有心思想什么语文和教学，我也不知道自己是怎么教书的。头三年我也不懂语文教学，但至少我还有时间跟学生玩在一块，礼拜也约好了一起玩。这三年，这些都给省略了。

二、为自己而教

　　1998年，我面临一个选择，要么好好教书，要么好好经商，再这样脚踩两只船，教书不像样，小厂子也经营不好。母亲告诉我不能跳槽，教书的饭碗不能丢，丢了这个铁饭碗，就等于没有了公费医疗，将来哪一天你旧病复发了怎么办。好在三年把厂子欠下的债也还得七七八八了，父母说把厂子关了吧，安安心心当你的老师吧。

　　那是1998年的春天，我们关了破厂子。

　　从每天的忙碌中解放出来，从双休的奔波中解脱出来，看什么都是那么轻松和惬意。1998年的春天起，我写了一段时间的小散文，发表在地方报上。那些小散文是我当时心情的写照。1998年，我在师范毕业七年后，对自己说，不折腾了，不折腾了，这辈子就老老实实地当老师吧。

　　那个时候，有的师范同学在镇上的中心小学教书，有的师范同学在县城里教书，还的师范同学已经调到了教育局的相关部门工作。我在哪里呢？1998年我在江苏省苏州市吴江县屯村镇斜港村小学，一所地地道道的村小，六个年级，一百五十个学生。

　　我也想走出村小，能到镇上，到中心小学去。怎么去呢？只能好好工作，让中心校的领导看见你的努力。

　　一个老师要想有别人看得见的成绩，一是上课，二是学生比赛，三是写文章。我知道自己上课是不可能的，毕业七年了，都不知道自己是怎么上课的，教案反正都是抄的，那时候还没有电脑和铺天盖地的网络，如果有，我肯定也是复制、粘贴的。别说外出上课，就是外出听课也没有，七年后的我其实跟新毕业的师范生没什么区别。要说学生比赛，我们村小的孩子要乐器没乐器，要课外阅读没课外阅读，要兴趣班没兴趣班，不能跟镇上的孩子比。只剩下一条，也是大家都怕的一条：写文章。而我的语文是所有学科中最糟糕的，我没看过什么课外书，对写作文也怕。后来我也想通了，这条路既然大家都怕，那我就咬咬牙冲上去，因为大家都不敢往前冲，说不定只要我坚持冲上去就能搞出点名堂。就像大家都不敢跑马拉松，只要你敢，哪怕最后你是走到终点的，你也是胜利者。

1998年春天，我写起了小散文。然而，这些不能算入教师工作成果。教师工作成果必须是教育类的教研文章。恰好，1998年的秋天，由江苏教育杂志社承办的江苏省颇负盛名的"教海探航"征文活动要在吴江举行，整个吴江都在发动大家积极参赛。我也想参加。写什么呢？写语文教学那不是去送审，而是去送死。我选了班主任工作。工作了七年，语文教学没有什么进步，跟学生相处了七年，不说"成"了多少、"得"了多少，"败"了多少、"失"了多少还是有感受的。可我不会写啊，于是把江苏教育杂志一本一本地搬到床头，每天逼着自己看上面的获奖论文。刚看的那会儿，我体会到了什么叫阅读催眠。那么多的术语，看不懂，看着看着头脑昏昏的，舒舒服服地睡着了。后来我给自己下了军令状，每天晚上必须基本看懂两篇论文，基本看明白他们是怎么写的。坚持了半年，论文的基本论点、分论点、基本框架有点感觉了。

看论文的同时，我也在规划怎么做班主任，买来了魏书生的《班主任工作漫谈》，买来了李镇西的《爱心与教育》，我一边想办法、出点子地做班主任工作，一边把做的事情点点滴滴地记下来。"教海探航"的征文写了一稿又一稿，写好了拿给县城的小学语文教研员谈永康看。永康是师范"不一班"的同学，他在一班，我在二班。师范的男生少，自然熟悉。1997年永康就获得了江苏省"教海探航"语文组的全省第一名。永康说这里不行，我回去改。改了，又乘公交车去找永康，请他再提建议，回来后又改。几千字的论文，没有电脑，一个字一个字写上去，实在麻烦，后来能用的部分剪下来，再补上要改的部分。等待定稿上交，厚厚的一摞废纸。

这篇文章获得了江苏省"教海探航"征文的二等奖，1998年11月，我作为村小教师的代表，受邀参加颁奖大会，由此结识了著名特级教师薛法根。薛法根和我同在吴江，然而在此之前，我这个村小老师没有机会近距离接触全省最年轻的特级教师薛法根。

颁奖活动结束后，我征得妻子同意，买了电脑和打印机。说出来也难为情，当初买电脑的一个重要原因是我的字不好（当然现在也不好），写好了文章投稿，觉得拿不出手。那时的电脑和打印机几乎就是我一年的收入。我对妻子说，我一定好好写，哪怕是挣稿费，我也要努力写上两三年，把电脑的钱挣出来。

我是村上第一个买家用电脑的，大概也是整个镇上第一个买家用电脑的。不是有钱，不是赶时髦，而是为了写文章。为了实现自己的承诺，每天 19:00 到 21:00，我都准时坐在电脑前，我要求自己一个星期至少写出一篇教育随笔、教育小故事。而我那个时候的水平，也就是一个星期 7 天的 14 个小时，写成一篇千字文，平均每小时写六七十个字。冬天到了，家里没有空调，我依然每天坐在电脑前两个小时。实在冷，妻子拿来一个纸箱，铺上棉絮，脚踩上很柔软，很暖和，妻子又拿来一条薄被子，裹在腿上。手实在冷，妻子给我打了一副露出手指的手套。

我的教育文章一篇篇写出来，先是在地方报发表，再是在地市报发表，再是在省级报发表。1999 年的秋天，我摘掉了村小教师的帽子，终于调入了镇中心小学。

三、为学生而教

因为要写作，所以要阅读。读到别人的教育做得那么用心，回想自己前些年的教书，真的很汗颜。亡羊补牢，虽然不能补回以前的羊，却可以为以后的羊着想。

我该做些什么呢？我想到了作文教学。一则自己写了一两年了，在我们这个小镇上，我相对还有些自信；二则这些年的阅读教学已经搞得如火如荼，很多人蜂拥而上，倒是作文教学还没什么人在做。

作文教学怎么做呢？我想到了自己。我以前是一个怕语文、怕作文的人，现在却因为写作调到了中心小学。我的这一点点的水平怎么来的？当然是"写"出来的。我怎么会愿意去写的呢？因为我想通过写作调到中心小学去。写作怎么能够调到中心小学去呢？因为写好了作文可以投稿发表，发表以后大家认可你了，觉得你有点才，不能在村小里埋没了。

这么想着，我找到了作文教学的关键词——发表。我因为一篇文章的发表，一个星期都会过得特别有精神，好像身边所有的人都在说，你看，这个管建刚有两下子。如果这个月发表了两篇，那一个月我基本上都在兴奋和幸福中度过。这种发表的兴奋和幸福又再一次刺激我、激励我，努力写下一篇文章。

如果让班上的学生也经常发表作文，那该多好啊，他们也会兴奋和幸福，他们也会跟我一样爱上写作。一个班50个学生，别说大量的中后等学生，即便是作文尖子生一个学期能在正式报刊发表一篇作文，那在乡镇中心小学都是了不起的事。再说，只有作文尖子生唱戏的作文教学，那不是教学，而是兴趣班、培优班。

直到有一天，学校里有了印刷一体机，大家都去看新鲜，那印刷一体机飞快地印刷出一张张通知和练习卷，我突然想到，如果这一张张纸上印的是学生的一篇篇作文呢？那不就是一张作文报吗？何不自己办一份作文报？解决了学生作文的"发表"问题，不仅可以让每一个学生都可以发表，而且是源源不断地发表，因为我们自己办一份班级作文报，所有的作者都是班上的学生呀。

理想很美好，现实很"骨感"。

首先遇到了文字输入的问题。那是2000年的春天，班上没有一个学生的家里有电脑。我向钮云华校长汇报，希望能在中午和傍晚放学后各开放40分钟的微机房，让我们班的学生去输入作文。钮校长听了我的想法，很支持我的教学改革，于是电脑的问题算是解决了。

第二个问题，学校的微机房也才建立起来，班上的学生上过几节电脑课，打字速度还跟蜗牛一样慢，不少学生40分钟、80分钟也输不好400字的作文。我向电脑课老师了解了班上打字速度快的学生，成立了"文字输入小组"。实在慢的和实在忙的（比如后进生，忙着补各种作业），可以请"文字输入小组"帮忙。有意思的是，后来这个"文字输入小组"的成

199

员参加省里的计算机比赛，有的获得了一等奖，有的获得了二等奖，这在我们这个经济条件相对落后的小镇简直是个奇迹。也有实在来不及输入的作文，那就我帮忙输入。

第三个问题，那时拷贝资料用的3.5英寸的软盘，一复制，便吱吱嘎嘎地叫，拷贝好了，拿到我的电脑上打开一看，没有。学生回到电脑房，打开电脑一看，打好的作文没有了，因为微机房的电脑是教学用的，只要一关机，马上清零。我跟学生说，有两个办法解决，一是时间充足的话，拷贝到软盘后，电脑不要关，先拿到我这里，我复制成功了，你再去关电脑；二是时间紧张，那就自己的软盘拷贝一份，电脑房其他同学的软盘也拷贝一份，来个双保险。

第四个问题是排版。那时候也没有什么排版软件，一方面是自己折腾，一方面是请教电脑课老师。学校的电脑课老师是半路出家的，也只知道一些最基本的东西，比我高级不了多少，倒是新来的小年轻老师，有比较熟悉电脑的，我找他们商量怎么编排。

第五个问题是停电。2000年后有一段时间，小镇上时不时停电。最怕周五停电。因为周五要出版我们的班级作文周报，没有了电，什么也干不了了。好在，一般不会连着停电两天。周一我选出录用的作文，周二、周三和周四学生输入电脑，拷贝给我，周四只要不停电，我再忙也要排好版，拷贝到软盘里再下班。这样，哪怕周五停电，我也可以拿着软盘去隔壁乡镇的小学里印刷。好在这样的情况毕竟不多，难得去一次，大家都卖情面。

第六个问题是学生的持久动力。刚开始办作文周报，学生觉得新鲜，干劲很足。两个月后，干劲直线下降了。为了维持学生的写作动力，我伤了不少脑细胞。我给学生发"刊用纪念卡"，班级作文周报上发表一篇作文，得一张纪念卡。三张纪念卡可以换一张"作文新苗"的奖状，"作文新苗"再发表四篇作文，有四张纪念卡，可以换一张"作文能手"的奖状，后面还有"班级小作家""班级诺贝尔文学奖"等。后来我们还开发了作文的"积分活动""稿费活动"，基本解决了学生作文的持久动力问题。

第七个问题是后进生的问题，因为他们没什么机会发表，他们游离在班级作文周报的外面。我开发了"优先发表卡"，只要有这么一张卡，作文哪怕写得不怎么样，也能发表。这张卡怎么奖励，我说了算。我想办法去发现后进生的进步和亮点，多奖励给他们。体育好的，为运动会增光的后进生，奖励"优先发表卡"；劳动积极的，奖励"优先发表卡"等等。

第八个问题，优等生容易发表作文，有骄傲情绪，作文没有进步怎么办？第九个问题，有同学为了发表而抄袭作文怎么办？第十个问题，优等生认为后进生的作文不好，老师却录用了、发表了，老师偏心，怎么办？……一路过来，我满脑子想的是学生、学生、学生，问题、问题、问题。当我把这些问题一个个克服，学生的作文兴趣、作文能力都得到了稳定发展，我们班真正实现了所有学生都在全国各地的正式报刊发表过文章，拿到过稿费。我据此写的论文《打造一个永不消逝的童年》，获得了2002年江苏省"教海探航"的第一名。

四、为突破而教

2002年结识新教育，入驻"教育在线"，2005年我人生的第一本书《魔法作文营》出版。2006年我出版了《不做教书匠》，2007年出版了《我的作文教学革命》，2008年我评上了特级教师。从1998年安心做老师到2008年，十年时间，我这个很不语文的语文老师实现了一次飞跃。我由此也读懂了"十年磨一剑"的真实含义。

然而我有一块心病，那就是上课。评上了特级教师的我也拿不出属于自己的、有特色的课。

评特级的时候，我的教学特色是作文教学，亮点是激发学生的写作动力而不是课堂教学。当时的作文课，大都是作前指导，而我从不上作前指导，我都是在学生写好了作文，作文发在班级作文周报上了，作文周报出版了，再拿着作文周报上作后讲评课。我每个星期都上一节作后讲评课，我对讲评课有心得，然而，那个时候从来没有人的作文课是上作后讲评课的。再说，讲评课必须让学生先写好作文，认真研读了学生的作文后才能备课、上课。这样的课在自己班上，很实用，很有效。但作为公开课怎么上呢？

后来我想明白了，可以请对方学校布置学生写好作文，提前一个星期把作文寄到我手里，我批阅作文，根据作文的实际情况设计讲评课的教案，一周后去上作后讲评课。就这样，这个带着我浓烈的个性色彩的作文课诞生了，居然也得到了众多老师的认可。于是，班级作文周报之外的作文讲评、作后指导，成了我的作文教学的另一个重要标识。

说实话，这样的课真的很累，自己带着一个班的语文，每周还要出班级作文周报，日常的工作和研究已经很忙了，几乎每一两个星期还要批改几十本来自别的地区的作文，这不是一般的批改，这是研读，还要设计出一个有很多人来听课的教案。更要命的是，这样的课没办法试上，作文是哪个班级写的只能在哪个班级上。每次都是"裸"课，压力很大。然而也正因为压力大，逼迫自己不断要有新想法，一年后我就出版了《我的作文教学课例》一书。人的成长都跟吃苦受累相关联，想要不吃苦、不受累而能有所成绩，这样的钻空子的浮夸，永远不属于做实践、做研究的人。

作文课取得突破后，另一块心病又出来了，阅读课怎么上？

研究阅读教学的名师很多，流派也多，要走出一条带有自己的特点的路实在太难了。一次跟朋友闲聊中，说起自己的写作成长，我谈了两点：一是发表，发表激励着我不断地写；二是阅读，我不只是看文章写了什么，还经常琢磨文章是怎么写出来的，为什么同样一个意思，人家会写得这么清楚、这么有意思。朋友说，你的"发表"用到了作文教学改革上，为什么不把你的"阅读"用到你的阅读教学改革上呢？

一句话点醒梦中人。

经常有家长问，不是说多读书能写好作文吗？我的孩子挺喜欢看课外书的，可就是怕写作文。其实，很多孩子看课外书跟看电视剧一样，只关注故事情节，看完就没了。要想写好作文，不只要读懂得"写了什么"，还要读懂"怎么写"的。很多人只有"写了什么"的阅读思维，而缺少"怎么写"的阅读思维。

"写了什么"的阅读思维几乎是天生的，读完后，几乎每个人都会自觉不自觉地想一想讲了什么。去想一想"怎么写"的人很少，所以我称"怎么写"的阅读思维是专业的阅读思维。阅读教学要培养学生的专业阅读思维，于是，指向写作的阅读教学的探索开始了。

2013年3月，《小学语文教师》以《管建刚和他的阅读教学革命》为题，对我的指向写作的阅读教学作了两万字的报道，5月和6月，《小学语文教师》分别以《"管建刚和他的阅读教学革命"大讨论》《"管建刚和他的阅读教学革命"再讨论》为题，做了大篇幅的报道。

我也开始上阅读公开课。这样的阅读公开课，难的是"写了什么"和"怎么写"之间的"度"的拿捏。有时候处理得很好，有时候处理得不好。各种声音纷至沓来。新东西诞生之初往往都是丑陋的。刚出生的婴儿大多不怎么好看，过了一段时间才可爱起来。当别人批判你刚诞生的小东西，能否扛得住，能否继续往下走，这是"成"和"败"的分水岭。教学改革需要改革的能力，更需要改革的勇气。某种程度上讲，勇气比能力更重要、更可贵。没有勇气的人哪怕有能力，也不会有突破、有创新。

大概三年后，指向写作的阅读课也越来越成熟，我先后出版了《管建刚和他的阅读教学革命》《指向写作：我的9堂阅读课》。这期间，"跟着课文学作文""跟着名著学作文"之类的书也雨后春笋般涌了出来。也许这只是巧合，而我却以此自我安慰。

到这时我明白了，教语文很简单，自己怎么学好朗读的就怎么教朗读，自己怎么学好作文的就怎么教作文，自己怎么学好语文的就怎么教语文。关键是自己的语文要行。自己的语文不行，想要教好语文，好比自己不肯吃苦练好内功和外功，只想学那么一两个奇招好打败对手，这条路是死路，可惜很多人都在这条路上孜孜不倦地走着。

五、为一线而教

　　管建刚名师工作室目前办了四届。每一届工作室成员都跟着我学了三年，三年后有几个人还在办班级作文周报？有几个人还在上作后讲评课？绝大部分已经不办周报了，作后讲评课也可有可无了。每周要办一期班级作文周报，的确要付出不少的时间和精力；每周要上一节作后讲评课，要认真研读学生的作文，一线老师哪有那么多时间？工作室有导师有制度有管理，咬咬牙做了，一离开就散了。至于指向写作的阅读课，四届的工作室成员还没有一位成员能上出一节让我满意的课。指向写作的阅读课不仅要求上课的人拥有"怎么写"的阅读思维、"怎么写"的解读思维，还要能处理好"写了什么"和"怎么写"之间的"度"，而"度"就是无法教的艺术。

　　在工作室待了三年的老师都只能学到这个样子，那么偶尔听一节课、听一个讲座能学到什么呢？能参加名师工作室的老师，至少是学校的骨干，至少有一颗向上的心。对于大量把教书看作一份职业、一份工作的老师来讲，我们所做的精益求精的实践和研究，对他们而言都是可望而不可即的星星。近20年来，线上线下的培训课程不可谓不丰富，质量不可谓不高，名师不可谓不多，然而教育教学的生态却是越来越糟糕，糟糕到中共中央办公厅、国务院办公厅为此出台了如此严厉的"双减"通知，来解决本该由各学校的教导处来解决的事情。一方面，绝大多数的老师来参加培训不是当学习，而是当任务；另一方面，培训会上的高质量课堂、高质量报告，一线老师是当相声来享受的，是当艺术来欣赏的，离自己的世界很遥远，回去后"我还是原来的我"。

　　教育是美好的，教育也是残酷的。从没有一个地方像学校那样充满了竞争。语文数学英语每个单元进行一次掌握情况的测试，相当于每两个星期有三次测试。每天的作业都会有对有错。每天的排队有评比，每天的广播操有打分，每天的眼保健操有检查，每天的午餐看光盘率……"听着心动、回家不动"，因为大量一线老师要的不是鲜花、不是浪漫，而是温饱。

不可否认，在教育研究的路上走得越远，个性色彩和理想色彩就越浓烈，跟大量的普通一线老师的距离也就越来越远。我们所做出的实践和研究，是假定了每一个老师都是跟我们一样努力向上的，是假定了每一个老师都是把教育当事业的，是假定了每一个老师都是全心全意扑在教育上的，我们都假定一线老师既能成为教学创新的开发者，又能成为教学创新的实施者……

小学语文老师95%都是女老师，在家庭角色的定位中，女老师往往要担负起家务和孩子的家庭教育，大量一线老师能把学校交代下来的各种差事完成好，已经是一位校长放心的好老师了。近两年的"两会"有代表连续呼吁，要减轻教师教育教学之外的负担，就可见现实情形了。学校教育是个筐，什么都往里面装，计算机从学校抓起，足球教育从学校抓起，围棋教育从学校抓起，心理健康从学校抓起，网络诈骗从学校抓起，车辆安全从学校抓起……如果我们的教学研究还是建立在增加老师的负担的基础上的，老师们怎堪重负？教学研究应该真真切切地为老师减轻负担，只有这样，一线老师才会发自内心地欢迎。

我们所做的实践和研究还要切实解决老师们的刚需问题。一线老师的刚需是什么？课堂上为什么有那么多的孩子开小差？课堂纪律为什么那么难以维系？为什么学生作业总那么拖拉？为什么作业是对的考试却总是错的？为什么课上总没有时间写作业，作业总是要课后做、回家做？教育研究需要有人面向未来，但更需要有人面对现实，解决多少年来悬而未解的基础问题。

基础问题才是最大最普遍的问题。高端问题是鲜花，基础问题是泥土。鲜花引人瞩目，泥土不好看，但是离开了泥土鲜花也只能光鲜一时。我们给一线老师看了太多的创新课堂，而大量一线老师需要实战课堂。创新不只需要扎实的基础，还要有创新的精神和勇气，大量一线老师要的是拿来可用、拿来有用的实战课堂。今天，我们给一线老师看了太多的艺术课堂，艺术是不可复制的，艺术还需要天分。对大量一线老师来讲他们要的是标准化、系统化的实用课堂，能解决教学"温饱"的课堂，比如课堂作业的问题，考试成绩的问题。——这两个问题在中考和高考没有全新的解决方案之前，绝大多数的小学和小学老师都无法回避也回避不了。

一线老师带好一个班级，靠的不是几节比赛课，也不是几节公开课，而是一天又一天、一节又一节的家常课。绝大多数老师一辈子都不可能有教研组之外的教研课、公开课，他们需要在忙碌的教书生涯中，以最少的时间准备一节又一节有效的家常课。进入知天命之年，我想应该为最广大的一线老师做些什么。因为教育本质上是靠最广大的一线老师撑起来的。

于是，我带着团队做起了"家常课"改革。

我们开发了小学语文1—6年级家常课任务单，从课文任务单到语文园地任务单，从单元复习任务单到单元作文任务单，老师们拿了任务单就能知道一堂语文课中，学生这个主体应该干什么，学生在课堂上有清楚的任务要完成，学习有目标了；学生在课堂上要完成一个又一个的任务单，没时间开小差了，课堂纪律好起来了。每一张任务单分别有"读＋习＋读＋习"四个任务，一篇课文两个课时两张任务单八个任务，包含了当堂读熟课文、当堂背诵要求背诵的、当堂抄写和默写、当堂完成课后的每一个问题、当堂完成课文配套练习题，学生的作业在课堂上、在老师的眼皮底下真实地完成，作业的可信度高了，作业速度也快了。为了方便老师们教学，我们又为每一张任务单开发配套PPT，老师们只要稍作修改即可使用。

教育部门年年喊提高课堂教学效率。效率怎么算出来的？效率＝任务÷时间。任务就是制作好的"任务单"，时间就是"闹钟"，家常课任务单上，每一个任务都设定了时间，一节课使用闹钟5—8次。如此一来，不只是学生的课堂时间观念发生了根本的变化，老师的时间观念也发生了根本的变化。原来一堂课上到哪里算哪里，上不完下一节再上。现在，每一节上完后都知道学生有没有完成学习任务，自己有没有完成教学任务，还有多少没有完成，课堂效率不再模模糊糊，而是每个人都可以自己测算。

听了大量的推门课，我们发现老师上课基本上不笑，因为怕管不住纪律。课堂纪律是大量一线老师无法启齿的痛。老师又称"孩子王","孩子王"居然管不住一群孩子,怎么说得出口?没有一位师范生学过"课堂管理学",师范里没有"课堂管理学"的课程。可是人多的地方,产生效率的第一生产力就是管理。为此,我们开发了课堂管理口令、课堂管理手势、课堂激励印章、课堂管理Q币,让一线老师拿到可以用的管理工具。只有工具化,才能让大量一线老师能使用、会使用。只有数据化,才能让大量一线老师知道自己用得怎么样。一次又一次的听课和测量,我们推出了家常课的"数据包":一堂课上老师要把70%的时间还给每一个学生;一堂课上70%的学生都得到老师的激励章或Q币;一堂课上80%的学生完成了任务单上的四个任务;一堂课上老师不少于走500步;一堂课上课堂管理口令使用30次左右;一堂课上老师表扬到具体的人的具体的行为的话不少于10人次。最好的课堂是超越标准(这样的老师永远是极少数的),而超越标准的前提是"进入标准"。如何"进入标准"?要有数据包。

当我跟普通一线老师待在一起,想在一起,去解决那些不登大雅之堂的基础问题,我知道会有怎样的风雨声。儿子看到一名可怜的乞讨者。富豪爸爸告诉儿子,乞讨的人可能连着饿了几顿了。天真的儿子问爸爸:他们为什么不去旋转餐厅吃饭呢?

我在读到这个故事后,义无反顾地做起了"家常课"。

(本文由《教育研究与评论》2022年第11期报道)

怀有大爱情怀的平民教育名家

吴永军

十余年前，初见管建刚老师，只感觉他消瘦、腼腆，其中带有一丝忧郁的诗人气质。这样一个弱不禁风的教书先生，怎么就能创作出海量般的小学习作教学的论著和文章。心中不解之谜直到三年前我忝列管建刚老师"苏教名家"培养对象组别导师之行列，才初步得以释疑。

管建刚老师18岁成为村小老师，职业生涯伊始就接触到了中国最基层、最面广量大，也是最普通的学生，这不由得令人想起苏联教育影片《乡村女教师》中瓦尔娃拉平凡而又高尚的教育生活。往后几十年的教书生活，管建刚老师又多半与这些学生为伴，这就逐步形成了他的教育主张之核心——与普通的一线教师待在一起，去解决基础问题。这一主张的背后充盈着管建刚老师对于劳苦大众子弟的大爱情怀，彰显出管建刚老师的人性光辉。正是出于这样的大爱情怀，加之他长年累月始终一贯的超常努力与创新实践，管建刚老师最终成为国家"万人计划"领军人才。

最近几年，我多次深入接触管建刚老师的"习课堂"，也推荐了一些学校教师前往他所在的苏州吴江经济技术开发区长安实验小学观摩学习"习课堂"。如果说，巴西著名教育家保罗·弗莱雷以其名著《被压迫者教育学》而享誉世界的话，那么当下的管建刚老师则以"习课堂"名闻祖国大江南北。在我看来，管建刚老师创造了一种当代"平民教育学"，"习课堂"既没有多少高深玄奥、令人炫目的时尚概念，也没有多少所谓改革的新花招，有的是对于素养之基础的常识性认识（如好习惯、有效练习、时间管理等等），有的是学生在有限的时空中扎扎实实地真实性学习，更有的是对于平民子弟的一腔真爱。正是这样的教育学，最贴近最广大的生活在社会基层的劳苦大众的子弟们。我想，这才是管建刚老师能够一直葆有青春活力的根本原因。

编辑部嘱我写管建刚老师的评论，我想，我没有水平写得多好，但是这不影响我对管建刚老师致以崇高的敬意。人并不是因其出身高贵而被人敬仰，人因其为最广大最普通的人民群众的公共利益服务而会受到人们永恒的敬意。如果说，弗莱雷因其被压迫者教育学而受人景仰，印度著名经济学家、诺贝尔经济学奖获得者阿马蒂亚·森因其创立的"穷人经济学"而被誉为"经济学良心的肩负者"，那么，我坚信，管建刚老师创立及其践行的"平民教育学"一定会使其成为"教育学良心的肩负者"，也一定会给世人留下永恒的敬意！

（吴永军，南京师范大学教育科学学院教授，博士生导师）

11.《江苏教育报》"教育面孔"专题报道

管建刚：眼有星辰，脚带泥浆

王 丽

他怕写作文，一门心思要当数学老师却做了语文老师。

做老师第 8 年，他终于安心从教，开始琢磨写作。迄今为止，出版专著 28 本，有的再版 20 多次。

"传奇"不止于此。他基于真实课堂和真切实践，20 余年间发起一场场教学变革，以公开课、示范课、专题讲座及写书立说等方式，躬耕实践，传播思考，影响并改变了区域、省域乃至全国许多地区小学语文教育教学，无数一线教师从中获启受益：

2000 年起，他构筑了一套完备有效的作文教学实践系统；

2010 年至 2018 年，他研发了"指向写作"的阅读教学革命；

早于"双减"政策出台两年，剑指许多习焉不察的教育常态，他主持掀起了"家常课"改革。

他，就是首届国家"万人计划"教学名师、全国优秀教师、江苏省特级教师、苏州市吴江经济技术开发区长安实验小学副校长管建刚。

国家督学成尚荣先生曾说："管建刚是一种现象。"近日，记者采访管建刚和他的师友，试图对这个"现象"作一些探究。

从村小走出，掀起作文教学革命

一年大病，两年养病，三年经商，八年村小。七代务农，八面无书，九九寒冬，十年板凳。这段文字是管建刚作品勒口上的"标配"。爱用短句，略带嘲谑的"管式"话语，概述了他前半程的教育人生。

1998年前后发生的三件事，改变了管建刚的职业走向。第一件，他在本县报纸上发表了一篇名为《三月》的散文，给黯淡的村小生涯带来了尊严和荣耀。第二件，吴江成立语文教改中心组，他找到了"组织"。第三件，江苏省"教海探航"征文颁奖活动在吴江举行，管建刚观摩了，并碰巧与全省最年轻的特级教师薛法根同居一室，大受震撼："原来，语文老师可以这样当！"

发表作品让管建刚明白：写文章就是发出自己的声音；而发表本身的激励性，对一个人的成长十分重要。这样的经历能否复制到学生身上？他决意一试。

1999年，管建刚进入屯村中心小学，学校有印刷机。次年春天，他与学生们创办了第一期班级作文周报。这份4开小报编发学校、班级和学生家里发生的故事，受到孩子们热情追捧，也引发了他们的表达欲望。

办一张报纸，说易也易，说难也难——每周1万来字，寒暑假照常出；学生一届届，一办十多年。刊用纪念卡、班级小作家、班级诺贝尔奖，等级评奖、积分活动、"稿费"活动……管建刚调动起全部智慧和心力，建立了一整套以班级作文周报为中心的操作流程以及激励机制，学生的"发表意识、读者意识、真话意识、作品意识"被慢慢激发出来。

基于沾泥带土的实践，他写了一篇不怎么符合论文范式的"田野"作文教学谈，获得2002年"教海探航"征文评比全省第一名。

同行看了管建刚学生的作文，说："管老师，你学生的作文，写得就是不一样。"不一样在哪里？"我不上指导课，我只上讲评课。"管建刚说，让学生用真实的自我写出真实的水平，才能见到学生真实的作文状况，教师才能有切中学生当下真实需求的指点和训练。

做着，写着，一发不可收。从2005年《魔法作文营》开始，管建刚聚焦作文教学主张、作文教学故事、作文训练系统、作文教学课例、作文评改举隅……几乎一年推出一本专著，"作文教学革命"书系颠覆了偏重于学科知识、教师作前指导的传统作文观，创建了"写作—发表—对话"的新作文教学模式。

基于报纸，超越报纸。一位专家说，管建刚在一张报纸上建造起一座语文教学的大厦。

十年一剑。2008年，管建刚被评为省特级教师。

吴江区青云小学教师赵加春是管建刚名师工作室的成员。跟学多年，带班经历和作文教学实绩让他一次次确认，作文教学革命的要义就两条：用自己的话写自己的事，作后讲评重于作前指导。

掀起这场"革命"时，管建刚地处乡村，但怀揣的是对教育教学根本问题的思考。他从"好的作文教学应该什么样"出发，再根据教学实践推演出训练、评讲系统，进而重构了小学作文教学体系。

构建"后作文教学"，阅读教学革命按下暂停键

2006年，管建刚调到吴江区长安实验小学。与作文教学继续摽劲的同时，他向自己挑战：阅读教学，怎么"破"？他发现，一篇课文，高年级学生自读3遍，90％以上都能懂。那弄不懂的10％，就算语文老师反复讲、反复引导，学生也不一定明白，因为这些需要背景知识、人生阅历、情感经历的支撑。

"真正的阅读教学，应该教给学生更有价值的10％。这10％，就是放在研究课文'怎么写'上。"他打了个比方，语文课上，学生读书要有两只眼睛，一只眼睛看"写什么"，一只眼睛看"怎么写"。

2013年3月，管建刚在《小学语文教师》上提出"后作文教学"概念，在作文兴趣、作文意志、作文技巧训练的基础上，增加了"指向写

作"的阅读教学，提出相信学生母语潜能、教在"学"的起点上、控制"教"的欲望等 6 个核心理念。

"指向写作"的阅读教学革命在小语界掀起巨大波澜。2013 年 5 月、6 月，《小学语文教师》连续两期组织大讨论，各方反响十分强烈。有权威专家当着管建刚的面说，"此路不通"。

面对争论和不解，管建刚没有迷失，他依然坚定地认为，作文是用笔说话，作文要有人看，要去发表。而引发争议的"指向写作"阅读课，听起来作文味浓了点，这有什么不可以呢？阅读课，上得有点儿作文的味道；作文课，上得有点儿阅读的味道。不管姓"读"姓"写"，有一点不变，它们都姓"语"。

这条谋求贯通读写的新路，在不少层面得到确证：当前市面上"课文里的写作密码""文学作品里的写作密码"等书籍，几乎都受到"指向写作"的阅读教学的影响。

当被问起"指向写作"的阅读教学研究近况时，管建刚却坦言，已经暂停了。为什么？"原来的想法是自己要走上云端，然后让其他的老师跟随。这是以往所追求的自我成功感、成就感。"到长安实验小学后，管建刚发生了巨大变化。他问自己："如果我做的东西是人家学不了的，它的价值到底在哪里？"

"这是你个人研究的一种转向，但以往研究本身的意义是存在的，对吗？"管建刚很肯定："当然存在。换句话说，如果不是前面这 20 年的积累，第一，我看不到这些问题；第二，看到这些问题我也解决不了。"他说，正是有了作文教学革命，然后才有了"指向写作"的阅读教学革命，没有这些积累，回归当前推行的"家常课"是不可能的。"因为你只有站过高处，才能一览无余地看到曾经。"

又一次"回归本质"，推行"家常课"改革

读课文，读词语；抄写词语，当堂听写；读段落，填空背诵；完成课

文拓展练习……3月29日下午，在长安实验小学的一间大教室里，来自阜宁、新沂两地的百余位教师正在旁听二（7）班语文课《亡羊补牢》。40分钟里，主要教学环节就两个——学生读和学生写。这堂课有3个课堂工具：家常课任务单，每一课时"读""背"任务以及刚需作业；屏幕倒计时小闹钟，每个任务都设定时间，总时长40分钟；教师管理"工具"，包括课堂管理口令、课堂管理手势、课堂管理激励印章等。执教老师上岗不久，语调温柔，组织教学却游刃有余。这是长安实小"家常课"改革的一个课例。

2018年11月，来到长安实小的管建刚原本打算开展作文教学研究，面对一半积分入学、一半新吴江人子女的学生，听课的他痛心发现：教师滔滔不绝地讲，喋喋不休地问，然而80%以上的学生在开小差，老师却"看不见"!

校长钮云华比管建刚早来一年，对彼时的课堂纪律、教学质效同样忧心忡忡。两个人研讨后决定，要尽快改变现状。他们认为，让学生少开小差、不开小差最有效的方式，是让学生读起来、写起来、忙起来，而不是带着耳朵听。

"小学语文教学'刚需作业不出课堂'的实践研究"就此开启，管建刚担纲主持，并提出"家常课"概念。他将"把课堂还给学生"这句"普通话"，完整阐述为"把70%的课堂时间还给每一个学生"，让每一个学生都成为课堂"学""习"的主人。

"家常课"遵循"零起点教学"原则，从最基础的字词句和课文朗读背诵做起；将学习任务分解到"读、写、背"不同环节，用闹钟分割时间，让每一个学生每一分钟都在课堂上忙碌起来；教师的主导作用体现在课前学习任务单的研发，以及课堂上的组织、管理、激励和示范。

"课堂像一支学习的部队，而且看起来也容易学。"听课后，阜宁县师范附属小学教师关雅楠很羡慕，同时又有疑惑："这样的课堂是不是在某种程度限制了学生的活力，也不是当下倡导的启悟教学？"

管建刚直言："没有规矩的课堂的'活'，实际大多是'乱'。语文的问题多，语文承载的内容也多。语文课首先要解决长期以来悬而不决的问题——老师讲得多、问得多，学生读得少、写得少。"

管建刚认为，教学研究就是解决问题，一线教学研究就是解决现实问题。"一开始我们首先要解决的问题是不开小差，是完成每一个学生的学习任务。"而"减负"减什么？"双减"说得清清楚楚，作业的负担。现实路径有两条：一是提高作业速度，二是提高作业有效性。"家常课"改革就直击这两个要害。

据了解，目前江苏、河北、河南、吉林、湖南、湖北、福建、安徽、山东等18个省份的教师，慕名通过网络或来校学习借鉴"家常课"改革经验。

一面是质疑，一面是络绎不绝前来观摩考察的人群。对此，管建刚非常直率："因为有批评，所以我们可以思考更多，可以走得更稳健。"

思行读写，一辈子遇见的生活

管建刚属牛，打小就倔强执拗。父母安排的农活，无论多苦多累，都咬牙独立完成。这股犟劲一直伴随着他。比如，他坚持将自己开启的三场教学变革称为"革命"，就是强调，从以知识传授为起点走向以问题解决为起点。他认为，"革命"不是在过去框架下的调整和完善，而是建立一种全新框架。

纵观这些变革可以看出，"革命"不只发生在课堂形态变化上，更重要的是思维的变化、观念的变化，特别是教与学关系的变化。而他用实践的"锄头"开启的变革，都发端于教育教学现场的小事。

"革命"刀刃还指向管建刚自身，停下"指向写作"的阅读教学研究如此，"家常课"改革也是如此。

"思行读写，是我一辈子遇见的生活"，管建刚将"独立思考"排在首位。"矮板凳，且坐着。好光阴，莫错过。"1998年安心做老师，在电脑前"矮板凳"上，每晚两小时，他坐了整十年。

写作是思想的长跑。管建刚从不写砖头厚的教育学著作，他以自身经历、以教育叙事中的师生和事件，来呈现并推动以"人"为本的思想。福建教育出版社资深编辑成知辛说，管建刚将感性的东西提升到知性层面，这是得到教师读者青睐的重要原因。

上海市特级教师、松江区教育学院语文研训员谈永康担任过吴江语文教研员，至今与管建刚保持着密切的学术交往。他说，写是语文老师的本质与天职。管建刚的经历应了叶澜教授的话："一个教师写一辈子教案不一定成为名师，如果一个教师坚持写三年教学反思，可能成为名师。"

优秀的教师，本质上都做着学科教育的事。"和学生交往时，我了解到很多小孩子的心里想法，从他们的举止行为中我找到真正的心理学。"管建刚说，中年以后，他将自己的教育生命从"学科教学"里挣脱出来，交给"学科教育"。

吴江这块沃土，从来都鼓励教师做真研究，研究自己，研究学生。这里孕育出小学语文特级教师群。继薛法根小学组块教学研究室后，又建立了管建刚作文教学研究室。名师牵头成立配编事业单位，全省不多。

几分勇气与胆识，几分智慧与韧性，持续地思行读写；还有一块涵养创新的土壤，一群志同道合的师友。这些，或许便是成就"管建刚现象"的原因。

（王丽，《江苏教育报》记者；本文由《江苏教育报》2023年4月28日第4版报道）

附录

1.《人民教育》报道

围绕"习"的整体教学变革

——解决课业负担重的一种可能性

钮云华

该讲的都讲了，该问的都问了，唯独该做的作业一个也没做

四（3）班的家长来校长室反映作业多，昨天仅语文就要完成第八课练习册2个页面、补充习题2个页面，有的孩子回家做了1个小时，有的做了1.5个小时。一调查，昨天四（3）班有两节语文课，教完了第八课，回家作业完成第八课的配套练习。老师也委屈，练习册和补充习题是配套的，课文教完了，配套练习当然要完成。问题出在哪里？一个习以为常的现象浮出水面：课上学生几乎从不做练习，所有习题不是回家做就是课间做。那课上在干什么呢？调研的结论，在"一问一答""一读一讲"中，老师"完成"了教学任务，该讲的都讲了，该问的都问了，该答的都答了，该读的都读了，唯独该做的作业一个也没做。语、数、英的配套练习都在课外做，作业负担不重才怪呢。

J老师既不是"教坛新秀"也不是教研组长，是一名普普通通的语文老师。20多年来，她所带班级的成绩总是名列前茅。中途接了别人不想带下去的班，一个学期下来就进入年级前三。我们请教J老师。J老师想了想答，学生的作业都在她的眼皮底下完成。这么简单的一招，J老师的教学质量创造了地区佳话。J老师说回家做作业的质量可信度不高，不会的题目不是看答案就是问同学，网络时代什么都查得到。答题质量不好，哪来好的教学质量？我们问J老师，怎么做到学生都在她的眼皮底下完成作业？J老师老老实实地说，她是班主任，在班里的时间多，有时用来做作业。

J老师的法子一人用，可以，全校不行。占用其他学科时间要制止，占用课余时间不能提倡。再说课余时间是个常数，语文老师占了，数学老师、英语老师就没时间了。根本方法只有一个，语文、数学、英语都在自己的课上完成该做的练习，这样每一科每一个学生的作业都能在老师的眼皮底下完成。我们为这个简单的发现而兴奋。这个设想一旦落地，四（3）班家长反映的问题就能迎刃而解，学科教学质量也就能像J老师带班那样让家长放心、校长放心。

"习为中心"的常态课堂诞生了。

"习"是"学"的主要方式，"习"本身就是最好的"学"

印度新德里的穷人一条街，孩子没钱上学，整天在街上疯玩。实验人员在墙上开了个洞，刚好能嵌入一个电脑显示屏，旁边还有一个触屏。显示屏和触屏的高度与孩子的身高差不多。孩子们被吸引住了。第一个星期，孩子们都在洞前乱触乱摸，第二个星期有几个孩子找到了"窍门"，三个星期以后，没学过英语没接触过电脑的孩子，都初步学会了上网。

这说明，学生学习教师可以不在场。"习为中心"的课堂，老师在场，但也要尽量隐藏，把学生推向"习"的前端。新德里穷人街上孩子的"学"，不是去看说明书，不是去听懂电脑的人讲解，而是不断地"习"。人有主观能动性，人会自我判断自我调整，习着习着就会了。"习为中心"的家常课，要掰出一块大时间给学生去"习"。一堂好的"习为中心"的常态课，老师不忙，学生忙，学生忙着"习"朗读、"习"背诵、"习"默写、"习"练习册、"习"课后思考题……"习为中心"的家常课的主角完全是学生。

"习为中心"的"习"，可以是预习、练习、复习、研习、演习、诵习、温习、习惯，最关键还是"练习"。"练习"的核心是"习题"，"习题"既有口头的（如"有感情地朗读""背诵课文片段"），也有书面的（如课后问题、练习册、补充习题）。习题的完成是课堂的分内事，"习为中心"的课堂上，口头的习题和书面的习题都要完成。

"习为中心"强调"习"，孔子也强调"习"，他说"学而时习之"。"学"一次要"习"多次，反复"习"。"习"是课堂的应有之义。丢失了"习"的"学"是无根的、虚浮的。"学为中心"的"学"，不外乎"听""看""做"，"听"和"看"还是基于老师的"教"。可见，"学为中心"和"教为中心"的根本区别在"做"，"学为中心"的灵魂是学生的"做"。这个"做"，即"习为中心"的"习"。"习为中心"抓住了"学为中心"的牛鼻子——"做"，"习"是"学"的灵魂。

木匠师傅带徒弟，只是要徒弟干活。徒弟先干简单的粗活，粗活干好了再干简单的精细活，简单的精细活干好了，再干复杂的精细活。从粗活到细活、从简单活到精细活，师傅安排好从易到难的习题，徒弟一步一步地"习"过来，"安排"本身就是"教"。木匠师傅的话不多，多的是徒弟的"习"。设想，师傅总在"教"，徒弟总在"听"和"看"，徒弟能学到什么？

"习"是"学"的主要方式，"习"本身就是最好的"学"。

备课备"习题"，课堂要好用，评价摸得着

（一）备课备"习题"

以往，备课重点是备"教材"，"习为中心"的备课重点转向"习题"。备"教材"，一线老师都在复制粘贴，有的学校要求新教师手写备课，那只是从复制转向抄袭。一线老师说：我们普通教师对教材的解读可能超过教参吗？教学设计可能超过特级教师吗？不可能！要我们原创备课不是瞎折腾吗？不能拿设计师、工程师的标准去要求一线老师。

备"习题"，主要有三块：课后习题，配套教材的练习册，配套教材的补充习题。此三块习题由教材组委托教研部门组织骨干编写，比一线老师自己出的习题要科学，有信度和效度。备"习题"，没有老师反对，谁都知道，要求学生会做的习题，老师先要会做；要求学生读的课文，老师先要读好；要求学生默写的词语，老师先要会默；要求学生背的课文，老师先要会背；要求学生做的实验，老师先要会做；要求学生做的量表，老师先要会做……备课备"习题"，有着强大的一线土壤。

怎么备"习题"？一是要研读课后思考题、补充习题、练习册，哪些题目是重复的。重复的往往是重点和难点。不必要的重复要删减，如低年级语文书上有田字格和描红，练习册上也有，还有专门的写字册。二是要研读哪些习题与教学内容有关，哪些无关。无关的可做可不做，也可在预习和复习时用。三是要研读哪些是"自学自习"题，哪些是"先习后学"题，哪些是"先学后习"题，哪些是"先教后习"题。备课备习题，习题是学生做的，备清楚了习题的难易度，也就备明白了学生的学情。从"习题"备"学生"，一线老师都觉得"备学情"可以那么具体、那么实在、那么明明白白。

老师先把习题做一遍，这是"备课备习题"的基础和底线。自己做了一遍，才知道习题的深浅，才能给习题分类，才能确定第一课时解决哪些，第二课时解决哪些；哪些习题检查预习时用，哪些习题初读环节用，哪些习题精读环节用，哪些习题巩固环节用，而不是老师"讲"20分钟学生"习"20分钟。我们尤其强调语文和英语，"朗读""背诵""复述"就是"习"，而且是重要的"习"。

（二）课堂不要"好看"

"习为中心"的家常课上，要求70％的时间给学生"习"。学生都在"习"，听课老师很无聊。我们不追求"好看"，我们追求"好用"。

不追求"好看"的"习为中心"的常态课，学生一个个精神抖擞，聚精会神地读，聚精会神地背，聚精会神地记词语默词语，聚精会神地完成课后思考题，聚精会神地完成练习册，聚精会神地完成补充习题……学生忙得专心致志，忙得不亦乐乎，忙得忘记了藏在桌兜里的饼干。听三年级的语文课，我问身边的女孩：现在上课专心吗？她答了一句让我一辈子都难忘的话：“现在上课我的脑子飞起来了。”我问为什么。她说，老师检查生字词预习后，马上有看拼音写词语的作业，我要一边读一边记；读好了课文，马上有按课文内容填空，读的时候不用心做不出来啊。我问她以前读书是不是随便张张口，她难为情地"嗯"了一声。

"好看又好用"的课堂，那是少数人的境界，90%以上的一线老师一辈子也做不到。一线老师追求"好用"。青年老师根据"练习单""导习单"，上了"习为中心"的常态课，说现在上课挺简单的，不像以前想着一个又一个环节，一句又一句的过渡语、小结语。"习为中心"的课堂上，学生忙了，老师反而"闲"了。老师的主要角色不是"教学者"，而是学生学习的"管理者"。管理者的最大能耐不是自己亲力亲为地干，而是让下面的人干。"闲"下来的老师走到学生中间，哪几个学生"习"得认真，哪几个学生"习"有困难，哪几个学生"习"有创意，及时评价、及时鼓励、及时辅导、及时排忧解难，"闲"下来的老师，成了课堂上最"有用"的人。

四年级有个男孩，从不做回家作业，老师和家长头疼不已。"习为中心"的课堂上，每次都做了。他说："大家都在做，好像在比谁做得快、做得对，我也跟着做呗。"我们问他，以前课上老师也经常提问什么的，你怎么不回答。他说："班上那么多人，老师只叫一个，肯定不是我。""习为中心"的课堂，装的不是"1个"，而是班级这个"单位1"。

（三）摸得着的评价

"习为中心"的课堂评价，不要含糊其词，而要一清二楚，要用数据说话。

第一个数据，"60%"。60%以上的时间还给学生，40分钟的课堂，24分钟以上还给学生自主学习、自主练习，优秀；50%也就是20分钟以上还给学生，良好；40%也就是16分钟以上还给学生，合格。首次上"习为中心"的探讨课，听课老师说怎么"习"了那么久。统计员说才10分钟，老师傻眼了。老师习惯了不停地"教"，以为这才是"尽职"。"习为中心"的课堂评价，如此"尽职"得分低，老师越"闲"得分越高。

第二个数据，"80%"。作业总量的80%以上在课上完成。"作业总量"指"课后习题""练习册""补充习题"的作业总和，一个单元、一节课的作业总量由教研组统一议定。课上完成"作业总量"的80%以上，优秀；70%以上，良好；60%以上，合格。事实上，不把60%以上的课堂时间还给学生，不可能当堂完成80%的作业。我们向学生调查，老师的课有两种上法：一是老师少讲，60%以上的时间给你做作业，回家没什么作业；二是老师多讲多问，课上不做啥作业，作业回家做。你们要哪一种？几乎所有学生都选前一种。

第三个数据，"90%"。90%以上的学生都在课上完成了"习"的任务，优秀；80%以上的学生完成了当堂作业，良好；70%以上的学生完成了当堂作业，合格。先完成作业的优等生，自动升级为本组的"习"导和"习"管。

以上为核心数据。"小数据"还有，一堂课提2个问题优秀，3个问题良好，4个问题及格。大面积朗读和默读20分钟以上优秀，18分钟以上良好，15分钟以上合格。数学实验和操作100%参与优秀，90%以上良好，80%以上合格。一线老师普遍反映，以前的评课模模糊糊一大片，现在清清楚楚，自己都能给自己打分。

我们有一个梦想

课业负担重的一大成因，恰恰是课上"负担轻"（以往，我们时常看到学生在课上无所事事地打哈欠）。回家课业负担重是不正常的，课上的课业"轻负担"更是不正常的。课上，学生应处于高速运转中，学生的脑子和笔要飞起来。一节课下来，要求背的段落没背出来，要求默的词语默不出来，要求完成的习题没做，这些最基础的"习"都要课外"做"，这不是很反常吗？课业负担重不能全怪学校，但在学校连基本配套习题都没完成，又怎么为自己开脱？

  学生的作业都在老师的眼皮底下完成了，作业速度快了，作业准确率高了，订正少了。"习为中心"的课堂重构，不是为了刷题，不是为了无止境地追求分数，而是解放孩子、解放童年，学生可以放心地参加社团，放心地去书吧看书，放心地去操场溜达，放心地玩弄手中的魔方，后进生也可以放心地唱起《因为刚好遇见你》……时间还给儿童，儿童必将拥有一个精彩纷呈的童年。我们有一个梦想，星期一、星期五没有回家作业，星期二只有一点儿语文作业，星期三只有一点儿数学作业，星期四只有一点儿英语作业，周二至周四每天只有一门功课有一点儿作业，学生每天都轻轻松松地走出校门，轻轻松松地走进家门，在学校每天都有自由的书歇时光，在家里每天都有足够的睡眠时间……

（本文由《人民教育》2019年7月报道）

2.《人民教育》报道

老师，你的作业有效了吗？

樊小园　管建刚

不是所有"量"的积累，都会发生"质"的变化。比作业的"量"更要紧的，是作业的"质"，即作业的有效性。

一、有效作业的五个特征

1. 要马上应用

我们的家常课改革，每一节课都有一张任务单。任务单上有四项任务，任务一和任务三是"读（背）"，任务二和任务四是"写"。任务一的"读（背）"跟任务二的"写"是一对拍档，任务一"读（背）"后，任务二"马上应用"。任务三与任务四也是如此。学习金字塔理论表明，以听讲为主的教学，两周后的知识保留率只有5%；"马上应用"的教学，两周后的知识保留率高达90%。"马上应用"的关键词不是"应用"，而是"马上"，立即、立刻、赶快，当堂学、当堂习，"学"和"习"本身就是最佳拍档。有了任务二、任务四的"马上应用"，任务一和任务三的"读（背）"学生会专注、投入。没有"马上应用"，爱读不读、滥竽充数就会屡禁不止。"学"了马上要"习"，语文课上所学的，耳朵听了泉水叮咚的音乐课，眼睛看了五颜六色的美术课，四肢经历了汗流浃背的体育课，回家再"应用"，学生说，老师讲了，可我忘了。

2. 要真实情景

甲是定点投篮的高手，投 100 个进 100 个，甲算不算打篮球的高手？不算。真实的打球在运动、对抗、合作中进行。有效训练要跟真实情景一致，训练和实战才能融为一体。考试有两大特点，一是限时，规定时间内没有完成，算错；二是独立，作弊，违反考场纪律，算零分。很多课堂，读一读、问一问、答一答、议一议，少有当堂作业，作业都要回家去写，"限时"无从说起，"独立"无法保障。作业写了不少，效果连差强人意都谈不上。投入大、产出少的背后是作业训练跟考试情景的不一致。家常课改革，把 70% 的课堂时间还给学生读、背、写，每一节课学生都有 15 分钟的读背时间、15 分钟的作业时间。所有学生在教室里、在老师的眼皮底下完成作业。作业时有闹钟，铃响即停笔，没做完算错，作业跟考试情景一致，作业的信度得到保证，作业的效率得到提高。

3. 要"教练"在场

体育锻炼没有教练，那叫玩玩。教练在场，玩也可以成为训练，玩中的合作精神、协作能力、默契度都是赛场上的重要能力。学生的作业不在课上完成，不是成了没有老师在场的课后作业，就是成了没有老师在场的回家作业——这，不只是加重了学生的课业负担，也加重了家长的负担。不少家长没有教练意识、没有教练能力，结果跟孩子闹掰了，这样的"教练"只能起负面作用。课堂不只是学生听讲的场所，更是学生训练的场所，所有的能力最终都是学生自己"练"出来的。读熟课文、背出片段、抄写默写、课后习题、配套练习册，都在课上、老师在场的情况下完成，遇到障碍学生可以随时请教，老师可以根据学生的情况给予必要的帮助，这个帮助就是及时雨，就是"点拨"。

4. 要同伴伴随

一群人训练，心情、效果、持久性都比独自一人好。读熟课文、背诵片段、抄写默写、课后习题、配套练习册，学生都回家一个人默默完成，没有"学习伙伴"的"一个人"的练习，大大增加了作业的枯燥和乏味。学生最讨厌课间补作业，别的同学都在走廊玩呀；学生最讨厌体育课补作业,别的同学都在操场玩呀;学生最讨厌放学后去老师办公室补作业,办公室只有他一个学生呀。学生最愤愤不平的是放学回到家,爸爸不工作了,妈妈不工作了,他还要一个人继续做作业。我们的家常课改革,任务一、任务三完成"读(背)",任务二、任务四完成"写"(习题、写话),同学们一起朗读、一起背诵、一起抄写、一起默写、一起练习、一起动嘴、一起动笔。左边的伙伴在奋笔疾书,右边的伙伴在奋笔疾书,自己也奋笔疾书。忙里偷闲看一眼伙伴,伙伴心领神会地回一眼,会心一笑冲走了练习的疲乏。学习共同体是幸福的,作业共同体也是幸福的,这是同伴的力量。

5. 要激励在场

要认识错题的价值。对的只是复习和巩固,错的才是提升和发展。错题,训练学生"跳一跳、摘果子"的绝好时机。训练的困境在于,后进生一看难题,干脆不跳了;中等生一看难题,试着跳了一下,没过,不跳了;优等生一看难题,一二不过三,三次后也不跳了。遇到难题愈战愈勇的,传说中的"学霸"。普通学生遇到难题,老师最应做的是激励,激励后进生跳一两下,激励中等生跳三四下,激励优等生像"学霸"那样愈战愈勇。老师最不应做的是告诉答案。老师的专业本领不是帮学生跳过去,而是让学生鼓起勇气跳第三次、第四次、第十次。练习肯定伴随疲倦和辛苦。长跑的后续阶段,每隔20米都有拉拉队喊加油,选手往往能跑出自己的最好成绩。我们的家常课改革,刚需的作业都在课上完成,激励来自老师和伙伴。伙伴间的激励可以是看得见的,也可能是看不见的;伙伴间的激励可以是自发的,也可能是老师"挑拨"的。作业都带回家里,没有老师,没有伙伴,却一定有不靠谱的家长。不靠谱的家长非但不激励,还埋怨孩子,埋怨老师,埋怨教育,唯独不埋怨自己。如此作业,效能几何?

二、有效作业的一大误区

误区的名字叫"当堂讲评"。及时反馈是有效训练的重要组成部分,然而,"及时反馈"不等于"当堂讲评"。还没有经过认真全面批改作业的"当堂讲评",害处多多。

1. 失去了二次起跳的机会

当堂讲评,学生会急急忙忙对答案、改答案。大量中后等学生差错多,急匆匆擦去错的答案,急匆匆写上正确的答案,手忙脚乱,既没时间思考,也没心思细听分析。一段时间后,学生还会发现偷懒的秘密:作业本上写一个不一定对的答案,还不如留空不写,等老师当堂讲评说了正确答案后直接抄上,又快又省心,本子还干净。学生不知道写上了那个不一定正确但经过自己动脑的答案,那叫思考。看得见的答案是错了,看不见的思考力却得到了有效训练。当堂讲评,学生的错题轻易得到了一个又一个的正确答案,失去了第二次、第三次独立起跳"摘果子"的机会,那个正确答案仅仅是写在本子上的"正确"。作业都是对的,考试都是错的,这个不可思议的现象早在"当堂讲评"就已埋下了逃不了的苦果。

2. 妨碍了下一任务

当堂讲评,错得多的中后等生,完全消化老师的讲评分析的可能性很小;越不能消化越要马上写下正确答案,不然到下课就再也想不起来。不要以为老师强调了一两遍学生就记住了,"这道题我讲过多少遍了"的事儿多着呢。当堂讲评告一段落,进入下一个学习任务了,没来得及完成订正的学生哪有心思?他们见缝插针地订正,想方设法地订正,心思都在跟老师捉迷藏上,老师转身写板书,可以抓紧订正;老师听同学读课文,装模作样竖起书本,在书本的掩护下订正。下一任务的学习等同于一阵耳旁风。

3. 浪费了优生时间

这道题三分之一的学生错了,那道题三分之二的学生错了,老师讲评这道题,错的三分之一受益了,对的三分之二无所事事;老师讲评那道题,错的三分之二受益了,对的三分之一无事可干。当堂讲评,大多数老师只能非常粗略地了解作业情况,很难抓住要害;抓住了要害,又难四两拨千斤。于是,"当堂讲评"成了"全面讲评""烦琐讲评","陪听"和

227

"被听"的学生更多了。优等生错了1道题，老师当堂讲评了9道题，8道题的讲评时间他们都成了"陪听"。

4. 得不到真实反馈

当堂讲评后的作业，批起来很省力，一路红对钩，却是地地道道的"虚假繁荣"。当堂讲评前，老师看到的作业只是一小部分，属于不完全统计。学生交上来的可以完全统计的作业，又是改过的，作业批改无法准确把握学情，有针对性地进行教学调整也就无从谈起。学生完成试卷，老师当堂讲评，讲评后再批改试卷、打成绩。如此考试，不是疯了就是狂了。"真实"比"及时"更重要。当堂讲评的"及时"是以牺牲"真实"为代价的。我们的家常课改革，采用了16字方针：当堂完成，当天批改，当天讲评，当天订正。

三、有效作业的三个"必须"

忽视"最后1公里"，前面99公里有可能白走。有效作业的"最后1公里"，叫批改、讲评和订正。

1. 必须先批改后讲评

一般情况下，教师来不及批改说明作业量偏多了。教师的时间都不够了，学生的时间100%也不够，于是睡眠时间、活动时间、闲暇时间被占了。如上午第一节课一定要讲评，早上可以请小助手一起批改。小助手只限于批客观题，主观题必须由教师批。批改要分类：这一沓作业是全对的，那一沓作业字迹干净；这一沓作业错误比较多，那一沓作业有缺漏；这一沓作业解题有新思路，那一沓作业答题有进步……批改作业要收集各种信息，后面的讲评才有料、有干货。从第一题讲到最后一题的讲评最浪费时间，收效也最低。

2. 必须确保讲评时间

作业天天有，课程表却从没有"讲评作业"一栏。讲评时间都要老师自己找。有的老师找了，有的老师没找；有的老师找了充足的讲评时间，有的老师每次讲评都很仓促。作业讲评的有效性，决定了"最后1公里"的有效性。没有讲评或无效讲评，订正你抄我、我抄你，辛苦做的作业，除了收获辛苦，别的也得不到什么。有经验的老师会根据自己的课务、值班、托班情况，整理好周一到周五的作业讲评时间，他们所带班级的作业量不比别的班多，考试成绩却一直名列前茅。

3. 必须在老师眼皮底下订正

有的老师匆匆讲评后，丢下一句"订正好了来办公室批"，走了。如此订正，10个中后等学生有8个不是独立完成的。不独立订正作业的学生，也绝不会好好听老师的作业讲评。独立订正作业的习惯是"管"出来的，"盯"出来的，而不是"说"出来的。讲评后，学生要在老师的眼皮底下像课堂作业那样独立完成订正，作业的"最后1公里"才算到了家门口。讲评、订正需要的时间哪里来？要学会时间安排，还要有巧方法。如学生作业一交上来，教师立马黑板上贴出答案，学生有空即可自行校对、自行反省。讲评只要针对个别题目，从而省出时间给学生独立订正。

一班的作业二班做了、三班做了、四班也做了，为什么一班的成绩就是好？一个很重要的原因，一班的"最后1公里"到位了。这个到位了，成效绝不只有"1公里"。"考试成绩好一点，回家作业少一点"，是我们家常课改革的朴素追求。我们已经发现了，"有效作业"，是实现这一朴素追求的有效路径。

（本文由《人民教育》2021年3月报道）

3.《中国教育报》报道

从"教学"到"学习"的嬗变

——一份语文优质课评分表引发的思考

管建刚

基础教育课程教学的变革，有时候往往可以通过一个小的侧面反映出来。最近苏州市吴江区小学语文优质课评比的评分表让人想到很多。

评分表共6个方面：学习目标10分、学习过程30分、学习方法10分、学生状态30分、学习效果10分、教师素质10分。可以看出来，评分表紧紧围绕"学生""学习"做文章。课堂教学的评价维度，从看教师的"教"转向看学生的"学"。

学习目标。以往评课一般谈教学目标，"教"和"学"是并列关系，在人们约定俗成的意识里，强化的是"教"，淡化的是"学"，忽略的是"学"。目前，很多教师在课堂上依然"教"得太多，认为"教得多"就"学得多"，"教了"就等于"会了"，"教好了"就等于"学好了"，其实不然。这个评分表不谈"教学目标"而直接从学生角度出发看"学习目标"，给出一个清晰的引导信号：课堂教学要看学生是否学足了、学会了，而不是看教师是否教足了、教好了。这是一个巨大的转变。

学习过程。以往评课一般谈"教学过程"。评课时无论上课教师还是评委，都比较在意教师"教的过程"而忽略学生"学的过程"。这份评分细则专门用了"学习过程"，就是要从看教师的"教"，转向看学生的"学"和"习"。"学生是课堂的主人"的潜台词是"课堂是学生的"。学生在属于他们的课堂上干什么?"学"和"习"!以语文学科来说,最经常最重要的"学"的方式是读,最经常最重要的"习"的方式是写,写字、写话、写作业。尽管叶圣陶先生提出"听说读写"并重的构想,然而,连叶圣陶先生本人也说过:"从国文科,咱们将得到什么知识、养成什么习惯?简括地说,只有两项,一项是阅读,又一项是写作。"想要达成学习目标,就一定要有扎扎实实的学习过程,要看课上每一个学生"学"了多少时间、"习"了多少时间,也就是课堂上每一个学生读了多少时间,写了多少时间。"学习过程"在整个评分中占30分,足见对学生在课堂上的主体地位的重视。

学习方法。过去评课谈"教学方法"。"教学方法"侧重教师怎么教以及教得好不好。"学习方法"则是看学生用什么方法来学习,而不是看教师教了什么学习方法。学习方法应简单实用,如果方法太复杂,那学生在学知识之外,还要学一门"方法"的知识,无疑会加重负担。不是每一课都要有新的学习方法,关键要看课堂上学生是不是在不断地使用该学习方法进行"学"和"习",只有常使用,"方法"才能转化为能力和习惯。所以说,"用方法"比"学方法"更重要。

学生状态。以往评课不太关注学生学习的状态。课堂是学生学习的地方,学生学习的状态自然是衡量课堂好坏的重要标准。这一条占30分,令人振奋。就语文学科而言,语文课上学生最主要的学习方式是读、背、写,"学生状态"首先要看课上每一个学生有多少读的时间、背的时间和写的时间。雅斯贝尔斯说"教育的本质是唤醒",第斯多惠说"教育艺术的本质不在于传授知识,而在于激励、唤醒和鼓舞"。学生在课堂上学习状态好不好,课堂激励非常重要,这也是教师在课堂上要做的重要事情之一。教师要关注每一个学生,观察学生状态如何,不只是关注积极主动、回答精彩的学生,更应看"沉默的大多数"。

学习效果。学习目标面向学生,学习过程交给学生,学习方法强调学生使用,学生状态强调"每一个",这样的课一定有效果。学习效果看什么?不是看班长、课代表,也不是看"学霸",同样要看全班"每一个"。

"每一个"的学习效果怎么看？最好的检测方式是当堂完成书面作业。书面作业本身就是"习"的重要组成部分。没有与学习目标相匹配的书面作业，所谓的学习效果，无论是上课的学生，还是上课的教师，或是评课的评委，都是跟着感觉走。当堂书面作业，既能以"书面作业不出课堂"的方式实现作业减负，又能以可见的学习效果测评课堂质量，是值得提倡的探索方向。

教师素质。评价教师的素质，不仅要看教师的学科基本功，还要看其教学基本功。语文教师的学科基本功主要体现在写字示范、朗读示范上，而教学基本功主要看教师的课堂激励做得如何，课堂亲和力、课堂感染力如何。

人们对于课堂和教师的评价，有着强大的惯性和思维定式，要想一下子扭转很难，但这份评分表以及所体现出来的导向，说明当前课程教学改革和评价改革所倡导的理念，正在逐步落实到课堂上、进入到教师的头脑中，未来值得期待。

（本文由《中国教育报》2022年7月1日第9版报道）

4. 《中国教师报》报道

家常课中的常理、常识和常态

管建刚

家常课的"常",体现在"三常":常理、常识、常态。

关于常理

常理1:把课堂还给学生

把课堂的什么还给学生?课堂时间。把多少课堂时间还给学生?学生是课堂的主人,学生是课堂的主体,课堂是学生学习的地方,要把一大半——70%的课堂时间还给学生。这样回答只能得59分。假设这节课上,老师请了7个学生朗读、发言、提问、演示,每人4分钟,那的确把70%的课堂时间——28分钟还给了学生,然而只是还给了这7个学生,其他80%以上的学生一分钟也没还到。并且,这7个学生每人也只收到4分钟。所以应该是:把70%的课堂时间还给每一个学生。这样的回答能得90分。还有10分在哪里?70%的课堂时间还给每一个学生干什么?语文学习。语文学习的"学"主要通过"读",语文学习的"习"主要通过"写",70%的课堂时间要还给每一个学生读、背、写。家常课改革,通过任务管理和时间管理,"把70%的课堂时间还给每一个学生读、背、写"成为了现实。课上紧张,"习"得多一点;课后轻松,"玩"得欢一点。

常理2：教师是主导，学生是主体

跳出教育看教育。工人是企业的"主体"，主体就要好好完成工作任务；老板和总经理是企业的"主导"，体现有二：一、给工人布置合理的工作任务；二、组织、管理、激励工人好好完成工作任务。领导者就是主导者。教师是课堂的领导者，其"主导"体现在：一、给学生布置科学合理的学习任务；不同的老师布置的学习任务是不一样的，不一样的学习任务就有不一样的导向。"家常课任务单"就是给学生布置科学合理的学习任务，把70%的课堂时间还给每一个学生，从而确保每一个学生都能完成他们的学习任务。教师的教学目标是通过学生当堂完成他们的学习任务达成的。二、组织、管理、激励学生好好完成学习任务。人多的地方，管理是第一生产力。课堂管理是每一个任课老师的责任。课堂管理不等于管纪律。课堂管理是一门学问。家常课改革开发了家常课管理口令、家常课管理手势、家常课激励印章、家常课管理Q币等，这些是"组织、管理、激励"看得见、摸得着、抓得住的管理工具。家常课改革，完整落实了"教师是主导，学生是主体"这个常理。

常理3："教是为了不教"

"不教"以后学生怎么办？学生自己学、自己习。因此，学生学习的过程应该是不断学习"自己学、自己习"的过程，即在老师的组织、管理和激励下学习"自己学、自己习"的过程。妈妈不放手，孩子长不大。老师不放手，学生永远学不会学习，永远依赖老师的"教"。家常课改革，把70%的时间还给学生"自己读、自己写"；家常课任务单的四个任务，既是学生的学习任务，也是学生进行语文学习的学习程序。有学习任务、有学习程序、有学习管理，学生便能"自己学、自己习"。尹老师课中接到通知，要参加5分钟的紧急会议，班长带着大家按着家常课"读＋写＋读＋写"的步骤往下"学"和"习"，惊到了隔壁班老师。一学生因故没有上课，向樊老师要了家常课PPT，一个人在家有序完成了四个任务的学习，惊到了家长。

关于常识

常识 1：多读多写

语文学习一定要"多读多写"，课堂应该是学生"多读多写"的地方——每一个学生都在不停地读、不停地写。语文能力本质上是学生自己读出来、自己写出来的，而不是老师讲出来、问出来的。一课又一课的"多读多写"，学生才会刻骨铭心地把"多读多写"融到自己的血液里，化到日常的生活中。

常识 2：正确流利

每一篇课文都要读正确、读流利。"读正确"指的是"不多字、不漏字、不错字"；"读流利"指的是"不疙瘩、不回读、不卡顿、不读破、不拖调"。一篇课文从第一个字读到最后一个字，做到了以上"八不"才算读正确、读流利。流畅地读是理解性读、思考性读的基础。基础不牢、地动山摇。一篇课文两课时 80 分钟，家常课给每一个学生 30 分钟的读书时间，每一个学生的每一篇课文都当堂做到"八不"。

常识 3：边读边记

家常课上，任务二、任务四的"写"的要求"看书不作业、作业不看书"。这个规矩严格执行了，学生由此明白只有任务一、任务三认真读，边读边记，任务二、任务四答起来才顺利。家常课改革，以任务二和任务四的"写"，训练学生任务一、任务三的专心读。家常课要求当堂完成，但不可以当堂反馈。当堂一反馈答案，任务一、任务三的学生就不会专心，就会像"小和尚念经"。

常识 4：边抄边记

很多学生抄写归抄写，默写再去记。一番事情花了两番时间。家常课上，当堂抄写后马上听写，倒逼学生边抄边记。当堂听写不只抽样检测正确率，也检测学生的边抄边记。学生为了默写正确，第一遍看着范字抄写，第二遍遮住已经抄好的，试着默。如此抄写，"边抄边记"的能力指日可待。这一能力形成了，识记生字词的时间可以减少一半，减负的根本是减出学生自主的时间。

常识 5：独立作业

题目写在作业本上那叫作业，题目写在考试卷上那叫考试。作业和考试有着千丝万缕的联系。考试必须"独立"。所以，有效作业的第一属性就是"独立"。学生作业不独立，导致学业成绩得不到提高，导致教师和家长布置更多作业。如何让每一个学生的作业都独立完成？家常课给出的有力且有效的回答：刚需作业在课上、在老师的眼皮底下完成。

常识 6：时间观念

孩子作业做到深夜，大多不是老师布置了超级多的作业，而是孩子作业三心二意，没有时间观念。家常课改革，自由读课文有计时器限时，当堂作业有计时器限时，一堂课上使用计时器 5—8 次，培养学生的时间观念。提前完成任务二和任务四的"写"的学生，马上用零碎时间背诵奖励题。一年下来，学生的时间观念就会发生很大的变化。有了时间观念，作业就有速度了，做事就有效率了。

常识 7：抗干扰学习

先完成任务二、任务四的学生要求出声背奖励题，如小古文、声律启蒙等。没有完成任务二或任务四的学生在背诵声中继续作业。学生如在一知半解的古文声中都不能专心作业，那么课间、家中怎么可能专心读书和学习？一次听家常课，窗外响起一阵爆竹声。我在第一时间观察学生的反应，没有一个学生扭头看窗外。我想，宋朝诗人林逋的"用心专者，不闻雷霆之震惊"就是此意。

关于常态

常态 1：面向每一位老师

教育的高质量发展依靠每一位一线老师。一线老师观摩优质课，往往"看着心动，回家不动"。不是不想学，而是学不会、用不来。优质课：一是学会本身要付出巨大的时间成本；二是日常使用要付出巨大的时间成本。把一线老师看作一线老师，把普通老师看作是普通老师。今天的一线老师太忙了，忙到了学校没有时间召开全体教师会，有的学校教师会已经移到了晚上、教研活动移到了周六。家常课的"读＋写＋读＋写"，课堂结构十分简洁，只要你想学，一个星期就能有模有样。一学期后便能熟能生巧，上岗不满一年的新老师便能上观摩课。家常课追求的不是艺术，而是科学；家常课追求的不是创新，而是规范。宁要学得会的80分，不要学不会的100分，这是家常课改革的重要指导思想。家常课是家常课，不是五星饭店，不是大厨秘制，家常课面向每一位一线老师。

常态2：面向每一节课

教育的高质量发展不只依靠每一位一线老师，更依靠每一位一线老师每一天的常态课。要让每一位老师的每一节课都有比较高的质量，那就不能不说到一个词——量产。教育是科学也是艺术。然而艺术无法量产。科学可以量产；量产需要标准和工具。家常课改革团队率领骨干教师开发了家常课任务单、配套PPT，开发了课堂管理手势、课堂管理口令、课堂时间管理闹钟，开发了课堂激励印章、课堂激励Q币、课堂表扬信。这些工具可以让每一位一线老师保质保量地上好每一天的每一节课。家常课上，每一次"读""写"都有具体的时间管理，每一节课要完成两个"读"的任务、两个"写"的任务；家常课上，教师要走500步以上，要给70%的学生盖上激励章，"具体的对象＋具体的细节＋具体的结论"的表扬不少于8人次。这些标准可以让每一位一线老师对自己每一天的每一节课进行清晰地自我评价。

常态3：面向每一个学生

课堂的40分钟不只是尖子生的40分钟，也不只是积极主动外向的学生的40分钟。课堂的40分钟是每一个学生的40分钟。所以，一节课的时间不是40分钟，40个学生就有1600分钟，50个学生就有2000分钟。家常课改革，大面积减少指名读课文，取而代之的是自由读、齐读，把读的时间和机会还给每一个学生；家常课改革，大面积减少一问一答，把零碎的、个别学生回答的口头提问，改为系统的、每一个学生都要独立回答的书面提问，把思考和回答的时间和机会还给每一个学生。基础教育需要底线思维而不是精英思维。语文课，把读、背、写的时间和机会还给每一个学生，这既是"面向每一个学生"的应有之义，也是大面积提高课堂教学效益的根本之义。

（本文由《中国教师报》2023年5月17日第6版报道）

后记

不敢面对质疑的人不是强者

一个都是批评声的改革一定有问题。

一个都是赞美声的改革一定也有问题。

改革，意味着奶酪的重新分配。

家常课改革——

我们听到了不少批评的声音，不屑的声音，反对的声音。

我们也听到了不少肯定的声音，重视的声音，欣赏的声音。

如果说前者提醒我们回头看，那么后者就是鼓舞我们向前走。

如果说前者使我们谨慎，步步为营，那么后者就是给我们力量，勇往直前。

五年级有一篇课文《"精彩极了"和"糟糕透了"》，文中说：

"精彩极了！""糟糕透了！""精彩极了！""糟糕透了！"……它们像两股风不断地向我吹来。我谨慎地把握住我生活的小船，使它不被哪一股风刮倒。

家常课多么幸运。

在两种声音的交替和平衡中前行。

一项民间的教学改革，步入第五个年头（三年疫情），实验班分布全国28个省市。

为什么作业总是要回家做？

为什么作业时间比上课时间还长？

为什么学生总是开小差？

为什么课堂纪律越来越糟糕？

为什么老师总是板着脸上课？

为什么老师都用起了扩音器？

为什么语文课上与不上差别不大？

一触碰这些基本问题，一线老师回应：这是我们最想解决的！

基本问题都不是小问题。因为基本，所以普遍。

基本问题看起来又都是小问题，小问题久了就不被当作问题。大家都卯足了劲儿往前走，结果就是走不动。

原来——

使人疲惫的不是远方的高山，而是鞋子里的一粒沙子。

可是，如果我们不诚实地低下来头，我们看不见那一粒沙子。

可是，如果你看见了沙子，取出了沙子，别人说，不就是一粒沙子嘛，有什么呀。

感谢所有的批评声，感谢所有的质疑声，感谢所有的鼓励声。

不敢面对质疑的人不是强者。

我知道，没有鼓励而能走下去的那个人，一定不是我。

所以，请允许我特别道一声：

所有鼓励过我们的报纸、杂志，所有鼓励过我们的师长、朋友，感谢你们带来的温暖。

管建刚

2024 年 2 月 18 日，年初九，初稿

改于 2024 年 2 月 24 日，正月十五